잠시라도
내려놓아라

诗里特别有禅

잠시라도
내려놓아라

류위밍 지음 · 나진희 옮김

아날로그

세상의 명성과 이익을 좇으면서 우리는
얼마나 많은 것을 잃고 사는가!

바쁜 시대에 더욱 소중한
소박하고 여유로운 삶의 태도

　평소에 학생들과 중국의 문학이나 역사에 대해 이야기 나눌 때에
매번 등장하는 주제가 선禪이다. 선에 대한 이야기는 '도대체 선은 무
엇일까'라는 문제 제기를 동반한다. 뭐라 답하기 애매한 질문이다. 고
대 선사들은 이 질문에 '뜰 앞의 잣나무', '달마가 서쪽으로 간 까닭은?'
'한 치 거북이 털의 무게가 일곱 근'이라는 기괴한 답을 내놓았다. 선
은 말로 풀 수 없는 화두이기 때문에 문자로 정의를 내릴 수 없다고 생
각한 것이다. 그렇다면 선은 너무 심오하고 현묘해 종잡을 수 없는 것
인가?
　사실은 그렇지 않다. 선은 철학이고 종교다. 다만 선은 체험적 성격
이 강하고 삶과 밀접하게 연결되어 있다. 멀리서 보면 선은 공허하고
허망해 짐작조차 하기 힘들 것 같지만 그 안으로 들어가면 소박하고
단순명료하다. 시도 마찬가지다. 중국 고대시가 중에는 일상의 삶과
경험을 통해 선을 깨닫게 하는 걸작들이 꽤 있다. 물론 시도 선과 마찬

가지로 이렇다 할 정의를 내려주지 않는다. 생생하게 역동하는 감정의 상태만 드러낼 뿐이다. 그래서 시 속으로 깊숙이 들어가면 선의 정취를 느낄 수 있고 선이 주는 깨달음의 세계를 볼 수 있다.

그러므로 나는 간단한 예를 들어 선이 깃들어 있는 시는 어떤 느낌인지 살펴보고 선이 무엇인지 함께 알아보고자 한다.

첫 번째로 살펴볼 시는 위진魏晉 시대에 활동한 완적阮籍의 시다. 그는 매일 수레를 끌고 외출을 하곤 했다. 그러다 더 이상 갈 길이 없는 막다른 길에 이르면 그 자리에서 통곡을 하고 돌아왔다고 한다. 여기에서 유래한 성어가 '궁도지곡窮到之哭'이다. 곤궁한 처지에 통곡을 한다는 뜻이다. 그는 인생에서 극도로 고달픈 상황에 처했을 때의 괴로운 심정을 이렇게 표현했다.

배회한들 무슨 소용이 있으랴!
걱정스러운 생각에 홀로 마음만 상하네.

두 번째로 살펴볼 시는 남송南宋 시대 육유陸游의 시다. 그는 길을 걷는 것으로 인생을 상징하곤 했다. 그가 남긴 유명한 구절은 다음과 같다.

첩첩산중 물은 굽이굽이 길이 없나 했더니
버드나무 우거져 꽃 핀 곳에 마을이 있구나.

이 시구는 읽는 이에게 깊은 기쁨과 동시에 삶에 대한 믿음도 전해
준다. 막다른 곳에서 도리어 새로운 땅과 하늘이 열릴 수 있고 끝까지
믿음을 놓지 않는다면 희망은 결국 생길 것이라는 뜻이다.

그러나 위 두 시는 모두 선이 아니다. 처지가 곤궁하다고 통곡을 하
는 것은 선이 아니다. 고집스러운 태도로 자신과 세상을 대립의 구도
로 보는 것일 뿐이다. 완적은 중국의 시가 전통을 변화시켜 시적 함축
에 무게를 더했다는 평가를 받은 훌륭한 시인이다. 그러나 그의 시는
선의 정취를 충분히 담아냈다고는 할 수 없다.

위 두 시가 묘사한 것은 단순한 변화일 뿐이고 이루고자 하는 목표
에 대한 기다림과 갈망이다. 인생을 한 발 한 발 걸어가다 보면 도무지
알 수 없는 요인의 영향을 받아 희망했던 목표는 난관에 부딪히기 일
쑤다. 만약 '첩첩산중 물은 굽이굽이' 뒤에 '버드나무 우거져 꽃 핀 곳'
이 없다면 어떻게 될까? 혹시 여전히 '곤궁한 처지에 통곡을 하고' 있
는 건 아닐까?

그렇다면 선의 정취를 담은 시는 어떤 것일까?

걸어서 물 다하는 곳에 이르면, 앉아 구름 이는 것 보고
우연히 숲 속에서 노인을 만나면, 돌아갈 때를 잊고 담소를 나누네.

왕유王維의 이 시가 바로 선이다. 이 시에는 계곡을 따라 물이 끝나는 곳에 이르렀어도 그곳은 물의 끝이 아니라는 의미가 담겨있다. 목표를 고정해놓지 않는다면 세상에 가득 차 있는 기기묘묘한 변화들을 확인할 수 있다. 저 멀리 있는 산골짜기에서, 지금껏 가본 적이 있는 길과는 전혀 상관없는 곳에서 구름은 서서히 융기해 높은 하늘로 올라설 것이다. 그러나 만약 '물 다하는 곳'에서 그대로 실망만 하고 마음을 꼭 닫고 있으면 '구름이 이는 것'을 볼 수 없을 것이다.

위의 예는 지극히 부분적이지만 선의 중요한 이치와 연결되어 있다. 고집과 탐욕, 허황된 생각을 없애면 소박하고 여유로운 삶의 태도를 갖게 될 것이다. 그리고 자신만의 완벽한 인생을 얻을 수 있을 것이다. 결국 선은 구속에서 벗어나 자기 삶의 주인으로 살아가는 삶의 태도인 것이다.

일상에서 깨달음을 찾으려는
생활 속 인문 정신

중국을 시의 나라라고들 한다. 중국인들은 수천 년 동안 시를 짓고 감상하고 사랑해왔다. 그들에게 시는 단순히 문자유희가 아니라 깊이 있는 생각과 진실한 감정을 온전히 담아내는 유력한 도구였다. 그런가 하면 중국은 선禪의 발상지이다. 인도에서 전래된 불교는 중국의 전통 사상인 유교와 도교와 접목되는 과정에서 중국화 된 형태가 나타났으니, 그것이 바로 개인의 수행을 강조하는 선종이다. 이는 현세를 중시하는 중국인의 전통적인 사고방식과 맞아떨어진 결과라 하겠다.

시와 선은 중국에서 만나 아름다운 꽃을 피웠다. 전통적으로 시가 표현하던 사상과 감정에 선의禪意가 어우러지면서 시는 더욱 깊이를 갖추었고, 시승詩僧들은 그들의 깨달음을 문자로 전달할 때 곧잘 시를 이용했다. 시가 가진 본래의 특성인 도약성은 직각直覺을 중시하는 선의 세계와 맞닿아 있다. 또 평범하고 속됨을 초월하되 일상과 분리되지 않으려는 선의 노력은 생활 주변에서 가까운 실례를 찾아 그것을 시라는 익숙한 형식으로 표출하고자 했다. 선에 시가 있고 시에 선이 있는 중국의 전통문화가 그렇게 탄생한 것이다.

그런데 대다수의 사람들에게는 시나 선이나 모두 선뜻 다가가기 어려운 대상이라 아니할 수 없다. 문학과 종교에 상당한 흥미와 지식이 있어야 한다는 생각이 먼저 들기 마련이다. 더구나 시와 선이 한꺼번에 등장한다면 어려움이 더 커질 것이 틀림없다. 그런데 최근에 중국 푸단대학의 뤼위밍 교수가 쓴 《잠시라도 내려놓아라》를 읽어보니 이런 우려를 말끔히 씻어줄 노작이 분명했다. 무엇보다 시와 선을 알기 쉽게 풀이한 설명이 귀에 쏙 들어온다. 그 이유를 꼼꼼히 살펴보니 이 책에는 눈에 띄는 장점이 몇 가지 있다.

우선 심오한 선의 세계를 문외한이라도 알아들을 수 있도록 자세히 설명했다. 예를 들어 그가 '공空'을 설명한 대목을 살펴보자. 뤼 교수는 '손에 든 것 없이 호미를 든다'는 시를 인용하면서 관리가 된 나와 내가 오른 직위를 생각해보자고 제안한다. 관리로서의 나의 직위란 '호미'와도 같으며, '손에 든 것 없는' 상태가 '공'이고 나의 참모습이라는 것이다. 만약 직위라는 허상의 '호미'에 휘둘려 '공'을 망각하면 정신이 피폐해지고 언행이 어그러질 것이라고 했다. 우리 주변에서 흔히 볼 수 있는 비근한 예가 아닌가.

이뿐 아니라 100수에 가까운 선시와 게송偈頌을 인용하면서 그 의미를 차근차근 짚어내는 솜씨가 예사롭지 않다. 대체로 이런 시는 초월적인 세계를 지향하면서 화려한 수사를 자제하는 까닭에 그 참맛을 제대로 알지 못하면 이야기할 것이 많지 않다. 그런데 뤄 교수는 이 책의 처음부터 끝까지 무릎을 칠 만큼 요령을 갖춘 해설을 선보였다. 그리고 시의 주제를 선과 연결 지어 다루면서 일상생활의 이모저모까지 엮어 넣는 글 솜씨가 놀라웠다. 아니, 글 솜씨라기보다 뤄 교수의 성품과 연륜에서 자연스럽게 묻어나오는 것인 듯도 했다.

이런 책이 우리말로 옮겨져 시와 선의 세계를 유람하고자 하는 이들을 만날 수 있게 되었다니 반갑기 그지없다. 많은 사람들이 느끼는 것처럼 현대사회는 목표 달성을 지상 과제로 내세우는 성과 위주의 세상으로 치닫고 있다. 어떤 이는 이를 일러 '피로사회'라고까지 하지 않았던가. 이런 시대를 사는 이에게 시와 선은 어쩌면 피로를 풀어주는 청량제 역할을 할 수도 있지 않을까. 이 책의 여기저기에 정신을 맑게 해주는 대목이 많다. "목표를 동쪽에 놓고 서쪽으로 향하면 그것은 '물러섬'이다. 목표를 뒤집으면 바로 '나아감'이 된다." 이 얼마나 절묘한 진리인가!

　원서와 초고를 번갈아 검토했다. 역자의 깔끔하고 유려한 문체로 인해 국내 저자의 책을 읽는 듯 편안한 느낌을 받았다. 역자의 노고에 경의를 표하면서 시와 선에 관심을 가진 이들의 일독을 권한다.

고려대학교 중문과 김준연 교수

차례

자신을 지혜롭게 지키는 힘
평상심

선종의 화두 중 가장 많이 회자되는 구절이 바로 '평상심이 바로 도이니라'다. 이 화두은 지극히 간결하고 소박하면서도 선종의 정신적 기질을 극명히 보여준다.

송나라 선승인 무문 혜개無門慧開, 1183~1260가 엮은 《선종무문관禪宗無門關》에는 역사적으로 유명한 화두들이 꽤 수록되어 있다. 이 책에 따르면 '평상심이 바로 도이니라'는 남천 보원南泉普願, 748~834이 조주 종심趙州從諗, 778~897의 질문에 답한 말이다.

어느 날 조주가 스승 남천에게 물었다.

"어떤 것이 도입니까?"

그러자 남천이 답했다.

"평상심이 바로 도이니라."

조주가 스승에게 가르침을 더 청하자 남천의 대답이 이어졌다.

"나아가고자 하면 곧 어긋난다!"

즉 '평상심이 바로 도이니라'는 간결하면서도 직접적인 가르침이지 어떤 복잡한 이치가 아니므로 이것을 해석하려 들면 본뜻에서 멀어지고 만다는 것이다.

남천은 마조 도일馬組道一, 709~788의 제자로 혜능慧能, 638~713의 제3대 계승자다.《경덕전등록景德傳燈錄》에 의하면 이 말은 마조 도일이 먼저 사용한 적이 있다.

"단번에 도를 이루고 싶은가? 평상심이 바로 도이다. 평상심이란 어떤 마음인가. 그것은 일부러 꾸미지 않고, 이러니저러니 가치 판단을 하지 않으며, 마음에 드는 것만을 좋아하지 않고, 상견(常見, 자아는 현재에도 사후에도 존재한다는 견해―옮긴이)과 단견(斷見, 자아는 현생에는 존재하나 사후에는 존재하지 않는다는 견해―옮긴이)을 버리며, 평범하다느니 성스럽다느니 하는 생각과도 멀리 떨어져 있는 그런 마음을 가리킨다. 경전에 이런 말이 있다. '범부처럼 행세하지도 않고 성인과 현자처럼 행세하지도 않는 것이 바로 보살행이다.' 걸어가다가 걸음을 멈추기도 하고, 앉아있다가는 편안하게 눕기도 하는, 형편에 따라 움직이는 이 모두가 바로 도인 것이다."

마조 도일의 또 다른 제자 대주 혜해大珠慧海도 비슷한 말을 한 적이 있다.《오등회원五燈會元》에 따르면 유원有源율사(律師, 스님 중 법에 정통한 이들을 일컬어 율사라 함―옮긴이)가 대주선사에게 다음과 같이 물었다.

"수행할 때 열심히 하십니까?"

대주선사가 다음과 같이 대답하며 둘 사이에 대화가 이어졌다.

"열심히 하지."

"어떻게 열심히 하십니까?"

"배고프면 밥 먹고 졸리면 자는 것이지."

"그렇다면 세상 사람 모두가 열심히 수행하고 있는 거 아닙니까?"

"같지 않다. 그들은 밥을 먹을 때도 밥을 먹지 않고 온갖 것들을 바라고, 잠을 잘 때도 잠을 자지 않고 온갖 생각을 꾸민다. 그래서 같지 않다."

평상심은 소박한 일상에서 찾을 수 있다

상술한 내용은 거슬러 올라가면 육조혜능의 《단경壇經》으로 귀결된다.

'佛法在世間不離世間覺, 離世覓菩提恰如求兔角불법재세간불리세간각, 이세멱보리흡여구토각' 불법은 속세의 일상생활 속에 있으니 속세의 생활을 버리고 '깨달음'을 얻으려는 것은 마치 토끼 머리에서 뿔을 찾으려는 것처럼 영원히 결과를 얻을 수 없을 것'이라는 의미다.

선종과 기타 불교 종파의 최종 목표는 동일하게 '성불成佛'이다. 석가모니처럼 우리 자신도 부처가 되는 것이다. 따라서 '평상심이 바로 도'라는 가르침을 강조할 때 선종의 근본 이상인 소위 '견성성불'이 갖는 신비적 색채는 대폭 줄어든다. 반면 정신의 해탈과 초월을 더욱 지향하는 생활태도 및 생활방식이 나타난다.

이런 관점에서 '평상심'을 바라본다면 비교적 간단히 설명할 수 있다. 평상심은 어수선한 몽상과는 거리가 멀고 속세의 영욕과 득실로 인해 기쁨과 슬픔이 멋대로 생기지 않는 것이다. 모든 일에 인연을 따르고 억지를 부리지 않는 것이다. 너그럽고 포용력이 있으며 모질게 행동하지 않는 것이다. 고생을 회피하지 않으며 성실하게 일하고 노력한 만큼 보람을 얻는 것이다. 이것이 '평상심'이다.

하지만 '평상심'은 쉽게 얻어지지 않는다. 대주선사가 말한 바와 같이 배고프면 먹는 것이 원래는 별것 아닌데 사람들은 온갖 것들을 바라는 습성이 있어 삶이 경박스러워진다. 졸리면 자는 것 역시 지극히 단순한 이치인데 세상 사람들은 자야 할 때 엎치락뒤치락하면서 이것저것 따지고 주판알을 굴리느라 삶에 초조함만 안겨준다.

쓸데없는 생각만 마음에 두지 않으면
이것이 바로 좋은 인생의 시절

무문 혜개의 《선종무문관》에는 각 화두 뒤편에 시가 덧붙여져 있다. '평상심이 바로 도이니라'와 관련된 시는 아래와 같다.

봄에는 꽃이 피고 가을에는 달이 뜬다.
여름에는 산들바람이 불고 겨울에는 흰 눈이 내린다.

쓸데없는 생각만 마음에 두지 않으면
이것이 바로 좋은 인생의 시절이라네.

春有百花秋有月   춘유백화추유월
夏有涼風冬有雪   하유량풍동유설
若無閑事掛心頭   약무한사괘심두
便是人間好時節   변시인간호시절

이 시는 일 년 사계절 경치가 제각각 다르니 마음이 평안하고 고요
하면 세상 곳곳의 아름다움을 느낄 수 있음을 알려주고 있다. 나아가
위의 시를 여러 번 읽으면 더 깊은 뜻을 발견할 수 있다.

누군가를 만났을 때 상대방이 "잘 지내지?"라고 안부를 물으면 대
개 "네. 잘 지내요"라고 습관적으로 대답하기 마련이다. 하지만 스스
로에게 같은 질문을 하면 '그다지 잘 지내지는 못하는데'라고 생각하는
경우가 많다. 몸이 좋지 않아 불편을 느낄 수도 있고, 월급이 적어 고
민일 수도 있으며, 월급이 올랐지만 다른 사람보다 적게 올라 속이 상
할 수도 있다. 한편 인간관계에 탈이 났을 수도 있다. 날씨는 또 얼마
나 우리의 기분에 영향을 미치는가.

이처럼 삶의 다양한 모습과 자연의 변화를 받아들이지 못하면 주변
에 펼쳐지는 각양각색의 상황을 의연히 받아들이기 힘들고 사물의 정
취를 감상하기도 쉽지 않다. 그런 상태에서는 쉽사리 '난 잘 지내지 못

해'라고 생각할 것이고 곳곳에 펼쳐진 '좋은 시절'을 보지 못할 것이 분명하다.

심마(心魔. 몸과 마음을 어지럽혀 깨달음을 얻는 데 장애가 되는 일—옮긴이)라는 단어가 있다. 우리와 세계의 관계를 혼란에 빠뜨리는 존재다.《장자莊子》〈달생達生〉편에 내기의 심리에 관한 말이 있다.

'질그릇을 걸고 활쏘기 내기를 하면 잘 맞힐 수 있다. 대구(帶鉤. 옛날 허리띠 장식품의 일종으로 꽤 값이 나가는 물건이었음—옮긴이)를 걸고 내기를 하면 마음이 흔들려 행동이 조급해지면서 기술도 떨어진다. 또 황금을 걸고 내기를 하면 눈이 침침해지고 손이 덜덜 떨린다.'

활쏘기 기술은 똑같지만 외부 사물에 마음이 흔들렸기 때문이다. 바로 심마의 교란이다.

일본의 바둑 역사에 등장하는 한 이야기는 마치《장자》에 나온 우화에 대한 설명처럼 느껴진다. 린하이펑(林海峰, 1942~현재, 중국 상하이 출신의 일본 프로 바둑기사, 9단—옮긴이)이 스물세 살 때 명인전에서 사카타 에이오(坂田榮男, 1920~2010, 일본의 프로 바둑기사, 9단—옮긴이)에게 도전했다가 첫 대국에서 패배를 한 뒤 자신감을 잃고 말았다. 그래서 스승인 우칭위안(吳清源, 1914~현재)을 찾아가 가르침을 청하자 우칭위안은 한 폭의 천에 '평상심'이라는 글을 적어 제자에게 건네면서 이렇게 말했다.

"지금 자네에게 가장 필요한 것은 평상심이야. 스물세 살의 나이에 명인에게 도전을 한다는 것 자체로 하늘이 자네에게 얼마나 큰 복을 준 것인가. 자네는 이미 수많은 사람이 꿈에서만 그리는 소망을 이룬 것이야. 그런데 또 뭘 더 움켜쥐려는 것인가?"

린하이펑은 이에 큰 깨달음을 얻고 연이어 3승이라는 쾌거를 이루었다. 사카타 에이오가 그 뒤로 한 판을 만회했지만 다시 린하이펑이 1승을 거두면서 도전을 성공리에 마쳤다. 이로써 그는 명인이 되려면 최소 마흔이 되어야 한다는 일본 바둑계의 통념을 깨고 당시 최연소 명인이 되었다.

'평상심이 바로 도이다'가 무문 혜개의 시에서 아주 순박하고 간결하게 묘사되었다면 송나라 초기 영징靈澄선사의 시는 한층 깊은 성숙함을 보여준다. 비교하면서 감상해보자.

내게 서쪽에서 온 뜻을 묻기에 말했네.

산속 생활 칠팔 년

짚신은 세 개의 총만 세우고

베옷은 일찍이 두 어깨를 기웠네.

동쪽 암자에선 서쪽 암자의 눈 언제나 보이고

아래 시내 흐르는 건 늘 위 시내의 물

하얀 구름마저 사라진 한밤중이면

밝은 달이 침상을 찾아오곤 한다고.

因僧問我西來意   인승문아서래의

我話居山七八年   아화거산칠팔년

草履只裁三個耳　　초이지재삼개이

麻衣曾補兩番扇　　마의증보양번선

東庵每見西庵雪　　동암매견서암설

下澗長流上澗泉　　하간장류상간천

半夜白雲消散後　　반야백운소산후

一輪明月到床前　　일륜명월도상전

'달마達磨 ?~528?가 서쪽에서 온 까닭은 무엇인가'는 선종의 핵심적 화두다. '선종의 창시자 보리 달마는 왜 인도에서 중국으로 왔을까?' 바꿔 말해 '선종의 근본 취지는 무엇일까?'라는 질문은 선을 수행하는 사람들이라면 누구나 알고 싶어하는 문제다. 만약 선종의 선사들이 이 질문에 대해 상세한 분석을 덧붙여 곧바로 대답을 해준다면 그것은 곧 선에 '원리'가 있음을 의미한다. 논리로 설명이 가능하다는 말이다. 하지만 선종은 소위 '원리'라는 것을 인정하지 않아 선사들의 대답은 그 야말로 중구난방이 되고 말았다.

예를 들어 조주선사는 "뜰 앞의 잣나무이니라"라고 답을 했고, 남대 근南臺勤의 답은 "한 치 거북이 털의 무게가 일곱 근이니라"였다. 경산 도흠徑山道欽, 714~792의 답은 "내가 열반에 든 뒤 그대에게 이야기하리" 였고, 석상 경제石霜慶諸, 807~888는 대답 없이 이를 부딪치기만 할 뿐이 었다. 모두가 갈피를 잡을 수 없는 답들이다. 하지만 이 기이한 대답들 은 사실 공통된 해답을 그 안에 가지고 있다. 답은 각자의 사정에 달려 배고프면 먹고 졸리면 자는 것이 평상심이다.
그런데 사람들은 밥을 먹으면서도 온갖 것들을 바라고,
잠을 잘 때도 온갖 생각을 꾸며 삶에 초조함만 안겨준다.

있다는 것이다.

영징선사 역시 '내게 서쪽에서 온 뜻을 묻기에 말했네'라고 시작한 뒤 다음 구절부터는 이 질문에 대한 대답을 하면서 선이 지닌 의미에 대한 자신의 생각을 철학적 해석이 아닌 일상생활에 대한 묘사로 밝혔다. 그것은 '평상심이 바로 도이니라'라는 것이다.

'산속 생활 칠팔 년'이라는 구절에는 자신이 산속에서 칠팔 년을 살다 보니 이제야 그 답을 알겠다는 깨달음이 담겨 있다. 산에서의 하루하루는 매우 단조롭다. 별다른 치장 없이 짚신 신고 베옷을 입는다. '총'은 짚신에 끈을 끼우는 곳으로 '짚신은 세 개의 총만 세우고'의 뜻은 짚신에 특별히 공들일 필요 없이 그저 세 개의 총만 있으면 된다는 것이다. 신발에 수를 놓거나 보석을 박아 눈이 부실 정도로 화려하게 할 필요가 있을까? 시도 때도 없이 신발만 생각하다보면 사람이 신발로 변해버릴지도 모른다. 그렇게 되기를 바라는가? '베옷은 일찍이 두 어깨를 기웠네'에서 베옷의 어깨 부분이 해져 수없이 기운다는 것은 스님이 노동하는 삶을 살고 있다는 점을 드러내고 있다. 편안한 인생을 추구하는 사람에게 이런 날들은 초라하고 고생스럽게 느껴질 것이다. 하지만 선자들에게는 '물지게를 지고 장작을 패는 일이 바로 도'이다. 반면 '금의옥식錦衣玉食', 즉 비단옷과 진귀한 음식은 사람들이 갈망하는 호사스러운 생활을 뜻한다. 물론 금의옥식 자체가 나쁜 것은 아니지만 이 문구는 늘 인간의 욕망과 허영을 표현할 때 사용된다. 금의옥식은 삶의 근본에서 벗어나도록 만들기 때문이다. 분명 검소한 생활이 도를 얻는 데 더욱 적합하다.

만물의 형상은 제각기 다르나 진리는 하나

계곡을 흐르는 물과 산봉우리에 흩날리는 눈은 산속 생활에서 자주 볼 수 있는 광경이다. 몸은 동쪽 암자에 있으면서도 서쪽 암자에 쌓인 눈을 본다는 것은 이미 동쪽 암자 역시 눈에 뒤덮여 있음을 알고 있다는 것이다. 눈으로 뒤덮인 세상은 구별이 불가능하다. 결국 '동쪽'과 '서쪽'의 구별은 사람이 만들어낸 차별이다. 한편 우연히 한가롭게 산속을 걷다가 흐르는 계곡물을 보고는 바로 상류에서 흐르는 물이라는 것을 알게 된다. 물은 본래 하나이니 역시 '위'와 '아래'도 사람이 만들어낸 차별이다. 평범한 말이면서도 결코 경박하지 않다. 음미할 만한 구석이 꽤 있다.

세상만물에 차별이 존재하는가? 사실상 존재하지만 그것은 결국 사람이 만들어낸 것이다. 당신이 만약 긴 탁자의 중간쯤으로 가서 선다면 양쪽 가장자리는 '좌'와 '우'로 나뉘어지고 당신이 그 자리에서 벗어나면 탁자는 곧 한몸이 될 것이다. 그렇다면 어디가 '좌'이고 어디가 '우'인가. 사람들은 중국을 '동방국가'라고 말하는 데 익숙하다. 하지만 보편적으로 사용되는 지리적 개념인 소위 '극동, 중동, 서아시아'는 유럽의 시각에서 나온 말이다. 만약 중국의 시각으로 말한다면 '극동의 동쪽'은 미국 서해안이다. 지구는 둥글고 끊임없이 회전하는데 어떻게 고정불변한 동서남북이 존재할 수 있단 말인가!

인간 세상의 사정도 매한가지다. 대립된 입장에 섰을 때 갑은 갑의 시빗거리가 있고 을은 을의 시빗거리가 있는 법이다. 《장자》에서도 '이것도 하나의 시빗거리고 저것도 하나의 시빗거리다'라고 하지 않았던가. 대립이 소멸되면 시비도 덩달아 소멸된다. 자아에 너무 몰입하면 타인의 입장을 영원히 이해할 수 없고 오로지 자신의 원칙만 넘쳐흐르게 된다. 그런 이에게 자신의 생각을 거스르는 원칙은 잘못된 것이다. 그러면서 스스로는 만족감을 느낄 것이다. 욕심과 어리석음과 성냄이 다 자아에 대한 집착에서 비롯된다면 어떻게 해야 사물의 본질을 꿰뚫을 수 있을까?

그렇다면 세상만물에는 차이가 없는가? 네모와 동그라미는 분명히 다르고 검정색과 흰색도 분명 다르다. 하물며 모양이 없으면 구분할 방법도 없고 선택할 수도 없다. 동서남북의 구분이 없으면 큰길에서 잠깐 길을 잘못 들었을 때 '북쪽'으로 가려다 방향을 못 잡고 우두커니 서 있게 될지도 모른다. 선악의 구별이 없어 생각한 그대로 행동한다면 세상이 어찌 어지러워지지 않겠는가! 핵심은 차이의 원인을 바로 알면 모양의 근거를 이해하고 고집스러운 입장에서 벗어날 수 있다는 점이다. 세계적인 불교학자 스즈키 다이세쓰鈴木大拙, 1870~1966는 '무명無明', 즉 속세의 지식과 욕망이 젖은 옷처럼 우리 몸에 딱 달라붙어 떨어지지 않는다고 했다. '무명'을 불교에서는 무아無我의 진리를 깨닫지 못하고 자아가 있다고 집착하는 무지의 상태라고 한다.

'하얀 구름마저 사라진 한밤중이면, 밝은 달이 침상을 찾아오곤 한다고'는 이 시의 마무리다. 망상이 가시면 미혹함도 없어지고 본성이 드러난다. 마치 구름이 사라져 달이 제 모습을 보이니 경치가 맑고 깨끗해 보이는 이치와 같다. 이때 도를 깨달은 사람은 평온할 것이고 평온 속에서 삶의 기쁨을 느낄 수 있다.

인생의
참모습

우리에게 소동파蘇東坡, 1037~1101로 잘 알려
진 북송의 대시인 소식蘇軾이 스무 살 되던 해에 그의 동생 소철蘇轍,
1039~1112과 함께 부친 소순蘇洵, 1009~1066을 모시고 과거 시험을 보러
가는 길에 면지(澠池 지금의 허난성에 속해 있음—옮긴이)를 지나게 되었다.

사정상 한 절에 머물렀는데 그곳에서 노스님 봉한奉閑의 지극한 대
접을 받고 형제는 절의 한 벽면에 시를 적게 되었다. 3년이 흐른 뒤 소
식은 섬서陝西성의 지방관으로 부임되어 가는 도중 다시 면지를 지나
게 되었다. 그 감회를 그린 시 〈화자유면지회구和子由澠池懷舊〉는 명작
으로 길이 남아 있다.

정처 없는 인생은 무엇과 같을까
날아가던 기러기가 눈 내린 진흙 위에 내려선 것과 같다.

진흙 위에 우연히 발자국을 남기기는 하여도
날아간 기러기 어디로 갔는지 어찌 알겠는가.
늙은 스님은 이미 죽어 새로운 돌탑이 생기고
무너진 벽에는 옛 글의 자취도 찾을 수 없다.
지난날의 힘겨운 여로를 그대 기억하는가
먼 길에 사람은 지치고 절름발이 나귀는 울부짖었지.

人生到處知何似	인생도처지하사
應似飛鴻踏雪泥	응사비홍답설니
泥上偶然留指爪	이상우연유지조
鴻飛那復計東西	홍비나부계동서
老僧已死成新塔	노승이사성신탑
壞壁無由見舊題	괴벽무유견구제
往日崎嶇還記否	왕일기구환기부
路長人困蹇驢嘶	노장인곤건려시

3년 만에 면지를 다시 찾은 소식은 깊은 감회에 잠겼다. 손님을 극진히 대접했던 노스님은 이미 세상을 떠나 탑 아래 묻히고 말았다. 스님의 미소 띤 얼굴과 목소리가 아직도 눈앞에 생생한데 그의 눈에 보이는 것은 사리탑뿐이다. 그 사이 절도 쇠락해 형제가 담장에 적은 시도 자취를 감추고 말았다. 그때 적었던 시구가 아직도 기억에 생생한

데 눈에 보이는 것은 다 허물어져가는 담장뿐이다. 눈을 감고 상상해보면 이때 소식의 마음이 어떠했는지 조금은 헤아릴 수 있을 것이다.

노력해서 헤쳐나가는 것이 바로 길이고 인생

우리네 인생에 미리 정해진 방향이 있다고 단정할 수 있을까? 냉정하게 생각할 때 의지만으로 삶을 통제하기란 사실상 불가능하다. 그결과 인생은 마음먹은 바와 무관하게 흘러가는 경우가 매우 많다. 그러므로 어쩌면 우리는 정해진 운명에 따라 살아가고 있는지도 모른다. 만약 우리 인생에 미리 정해진 방향이 있다면 인생에서 노력은 어떤 의미가 있는 것일까?

감회에 젖은 소식은 인생은 무엇인가에 대해 생각한다. '기러기가 한없이 넓은 하늘을 날다가 우연히 눈밭 위에 내려 앉아 쉬면서 흔적을 남긴다. 잠시 뒤 기러기가 날아가자 눈이 녹고 모든 것들도 더 이상 이전과 같지 않게 된다.' 그럼 인생이란 우연일 뿐인가? 지나쳐 온 길에 남겨진 듯 끊어진 듯 이어진 듯 넓게 펼쳐져 있는 희미한 흔적은 또 어떻게 설명할 것인가? 어둠 속의 어떤 힘이 모든 것들을 지배하고 있는 것은 아닐까? 젊은 소식은 시 속에 이런 의문과 감탄을 드러내고 있다.

그런들 저런들 인간은 힘겹게 노력해야 하는 존재다. 소식이 아버지를 모시고 동생과 효산(崤山, 지금의 허난성 서북부에 위치한 산—옮긴이)의 산길을 걷는데 눈보라가 몰아쳐 여정이 순탄치 않았다. 그 순간 소식은 깨달았다. '이것이 바로 길이고 우리가 살아갈 인생이다. 이 길에서 피로와 고통은 피할 수 없다. 노력해서 헤쳐나가야 하는 그것이 바로 인생이다.'

속세는 끊임없이 변하는 것을!

"기러기 머나먼 하늘을 나니 그림자 차가운 물에 잠기네. 기러기 자취를 남길 뜻 없고 물은 그림자 잡아둘 마음 없네. 만약 이와 같은 경지에 이른다면 비로소 다른 부류 속으로 들어가 수행할 수 있을 것이다."

소식과 거의 같은 연대에 천의 의회天衣義懷, 992~1064선사는 위의 상당어上堂語, 강의를 시작할 때 하는 말를 언급했다. 의미는 대체로 이렇다. 기러기가 날아다니다가 그림자가 맑고 깨끗한 연못에 비쳤다. 하지만 기러기는 자신의 자취를 남길 생각이 전혀 없고 연못도 기러기의 그림자를 담을 생각이 없다. 기러기가 날아가 그림자가 없어지니 그냥 그럴 뿐이다. 이 이치를 분명히 이해할 수 있다면 마땅히 이렇게 행동할 수 있다. 그래야만 만물이 번잡하게 뒤얽힌 속세로 들어갈 수 있다.

소식의 시는 천의 의회의 선어禪語와 매우 유사한 부분이 있다. 혹자는 그의 시가 천의 의회의 선어를 해설하면서 만들어졌다고 판단한다. 물론 이들이 생활했던 연대가 실제로 비슷하기는 하다. 하지만 천의 의회는 주로 강소성과 절강성 일대에서 활동한 반면 소식은 그때 강남(江南, 강소성, 절강성, 안휘성 일대를 가리킴-옮긴이) 지역에 가본 적이 없어 이 시를 지을 때 천의 의회의 영향을 받았다고 단언하기는 어렵다. 어쨌든 두 사람은 약속이나 한 듯 비슷한 은유를 사용했다. 게다가 두 사람의 시각에도 약간의 차이만 존재할 뿐이다.

천의 의회의 말은《금강경》의 '응당 머무는 바 없이 마음을 내라'라는 문구에 그 근원을 두고 있다. 육조 혜능이 출가하기 전 시장에서 장작을 팔며 생계를 유지했는데, 어느 날 우연히 여관을 지나다가 누군가 위《금강경》의 문구를 읊는 소리를 듣게 되었다. 혜능은 이 한 구절에 문득 깨달음을 얻어 출가를 결심하게 되었다고 한다.

'머무는 바가 없다'는 것은 무엇일까? 간단히 말해 집착이 없고 외부 변화에 지배를 받지 않는 것이다. '다른 부류' 속으로 들어가면 누군가는 당신을 칭찬할 것이고 그러면 당신은 기뻐서 의기양양할 것이다. 누군가는 당신을 욕할 것이고 그러면 당신은 불같이 화를 낼 것이다. 노란색이 유행하면 당신은 곧 온몸을 노란색으로 치장할 것이고 내일 까만색이 유행하면 역시 까만색으로 치장할 것이다. 그렇게 되면 당신은 속절없이 정신을 놓고 말 것이다.

소식의 시에 나오는 '기러기가 남긴 진흙 위의 발자국'이라는 비유는 정서적으로 쓸쓸한 의미를 지닌다. '기러기 자취를 남길 뜻 없고 물은 그림자 잡아둘 마음 없네'처럼 산뜻한 표현이 아니다. 하지만 그의 비유는 철학적 이치에서 선의 무상관(無常觀, 세상의 모든 것이 덧없으며 항상 변한다고 보는 인생관–옮긴이)을 드러내는 표현이다. 속세는 끊임없이 변한다. 그렇기 때문에 '머무는 바 없는' 태도로 무상함을 대한다면 평범을 뛰어넘는 넓은 마음을 이끌어낼 수 있을 것이다. 이 시에는 그 두 가지 정서가 공존하고 있다.

자신에 대한 집착을 버리면
진실한 지혜가 그 모습을 드러낸다

소식의 또 다른 명작 〈제서림벽題西林壁〉 역시 이러한 관점에서 비교하면서 읽어보자.

가로로 보면 고개요 세로로 보면 봉우리라
원근고저 보는 곳 따라 모습이 제각각일세.
여산의 참모습을 알지 못하는 것은
이 몸이 산속에 있기 때문이라네.

橫看成嶺側成峰　　횡간성령측성봉

遠近高低各不同　　원근고저각부동

不識廬山眞面目　　불식여산진면목

只綠身在此山中　　지연신재차산중

소식이 아버지를 모시고 동생과 효산의 산길을 걷는데 눈보라가 세차게 몰아쳐
여정이 순탄치 않았다. 그 순간 소식은 깨달았다. '이것이 바로 길이고
우리가 살아갈 인생이다. 이 길에서 피로와 고통은 피할 수 없다.
노력해서 헤쳐나가야 하는 그것이 바로 인생이다.'

이 시는 소식이 원풍元豊 7년1084년 여산을 여행할 때 서림사西林寺 벽에 쓴 글이다.

여산의 경치는 그야말로 매우 다채롭다. 걸음을 옮기면 모습이 변하고, 가로와 세로와 원근과 고저에 따라 다른 모습을 선사한다. 그렇다면 무엇이 '여산의 참모습'일까? 여산의 가운데 있으면 참모습을 보기 어렵다. 사람의 시각은 늘 현재 발 딛고 서 있는 곳의 제한을 받기 때문이다. 만약 당신이 보고 있는 그곳이 진정한 여산이고 다른 사람이 보는 것은 진정한 여산이 아니라고 생각한다면 그로 인해 이내 고집이 생기고 고집은 여산의 참모습을 보지 못하게 만들 것이다.

그저 여산을 말했을 뿐이지만 보다 큰 범위로 확장을 해보면 세상은 결국 사람들로 인해 모습을 갖게 되었다. 사람은 각자 어느 한 곳에 자리하고 있으니 견해가 다를 수밖에 없다. 세상의 참모습을 보고 싶다면 자신의 자리에서 벗어나 높고 먼 곳에서 조망할 줄 알아야 한다.

시각을 바꿔 설명하자면 세상을 살아가다 보면 기쁜 날도 있고 우울한 날도 있기 마련이다. 생로병사와 영예와 치욕으로 인해 고통을 겪기도 한다. 하지만 만약 높은 경지에 올라 이 모든 것을 되돌아본다면 그것은 그저 순간의 변화일 뿐이다.

수행하는 근본은 '집착을 버리는 것'이다. 집착을 버리려면 먼저 '나에 대한 집착'을 버려야 한다. 사람의 마음속에는 더할 수 없이 육중한 '나'가 꼿꼿이 세워져 있다. 욕심, 우월감, 열등감은 영원히 '나'를 내려놓지 못하게 한다. 아무리 명석해도 부분에 얽매인다면 전체를 보지 못하게 마련이다. 일단 자신에 대한 집착을 버리면 잠재되어 있는 진실한 지혜가 그 모습을 드러낸다. 그러면서 만상이 제 모습을 드러내고 이유가 분명해지며 마음이 차분해지고 유혹에서 자유로워진다.

그래서 천의 의회선사가 말하지 않았던가.

"기러기 머나먼 하늘을 나니 그림자 차가운 물에 잠기네. 기러기 자취를 남길 뜻 없고 물은 그림자 잡아둘 마음 없네. 만약 이와 같은 경지에 이른다면 비로소 다른 부류 속으로 들어가 수행할 수 있을 것이다."

일만 하고
사람은 되지 못해서야 쓰겠는가

허난河南성 쑹산嵩山에 있는 샤오린사少林寺, 소림사는 천년고찰이자 선종의 조정祖庭이다. 샤오린사를 거닐면서 감상에 젖다 보면 달마대사가 샤오린사 우뤄봉五乳峰 동굴에서 9년 동안 면벽수행을 할 때 그 그림자가 새겨져 만들어졌다고 전해지는 달마면벽영석達摩面壁影石을 보게 된다.

지금 샤오린사에서 볼 수 있는 달마면벽영석은 복제품이다. 원래의 작품은 1928년에 군벌 스유싼石友三, 1891~1940이 샤오린사에 불을 지르면서 유실되었다. 《등봉현지登封縣志》에는 '달마면변영석은 크기가 삼 척이 넘고 흰 바탕에 검은 무늬가 있는데 마치 수묵화처럼 보인다. 한 승려가 돌에 기대어 앉은 모습이 희미하게 보인다'라고 기록되어 있다. 청나라 관리이자 화가였던 요원지姚元之, 1773~1852의 저작 《죽엽정잡기竹葉亭雜記》에는 '약 오륙 척 가량 물러서서 봐야지만 돌 위에 새겨진 형상이 사람임을 알 수 있고 십 척 물러서면 마치 살아있는 달마가 거울 속에 앉아있는 듯하다'라고 설명되어 있다.

선종에서는 역사적으로 마하 가섭摩訶迦葉을 인도 불교의 시조라 칭하고 보리 달마를 중국 불교의 시조라 칭했다. 달마는 고대 남인도의 고승으로 중국 남북조시대에 광저우를 통해 중국으로 들어와 불법을 전수했다. 당시 남쪽 지역을 통치하던 양무제梁武帝, 464~549는 열렬한 불교 신도였다. 무제가 달마를 불러 문답을 나누었는데 서로 의견이 맞지 않아 달마는 북쪽으로 옮겨 가 샤오린사에 머무르게 되었다고 한다. 샤오린사로 가는 길에 달마는 창장昌江 지역 부근에 도착하게 된다. 하지만 주변에 배가 한 척도 없는 걸 발견하고는 갈대 한 줄기를 꺾어 갈대에 의탁해 양쯔강을 건넜다고 한다. 이것이 바로 '일위도강一葦渡江'이다. 이 얼마나 시적 정취가 물씬 풍기는 광경인가.

샤오린사는 시간이 흐른 지금 무공으로 명성을 떨치고 있다. 사람들은 그 대부분의 공을 달마에게 돌렸다. 달마가 소림권, 달마검, 달마장 등 각종 무예를 고안해냈다는 것이다. 《의천도룡기》, 《녹정기》 등의 작품을 쓴 무협소설의 대가 진융金庸, 김용, 1923~현재은 '역근경易筋經'을 신기한 무예로 묘사하는데 거기에도 계속해서 달마의 이름이 언급된다. 고대로부터 전해 내려오는 달마의 초상화는 달마를 대개 큰 머리, 성긴 곱슬머리, 동그란 눈, 주름진 뺨 등으로 표현하였고 간혹 손에 승려들의 지팡이인 선장禪杖을 들고 있는 모습으로 그렸다.

하지만 이렇게 전해지는 이야기들은 사실 근거가 거의 없다. 달마는 대부분 인도에서 비롯된 선학을 전파했고, 달마가 전파한 내용은 이후의 선종과 상당한 거리가 있다. 그렇지만 달마가 혜가慧可, 487~593에게 전수한 불법이 승찬僧璨, ?~606, 도신道信, 580~651, 홍인弘忍, 601~674으로 이어지면서 선학은 점차 중국 고유의 문화 전통과 서로 융합하게 된다.

가장 훌륭한 《금강경》 강의

사람들은 선종의 초기 역사를 말할 때 늘 달마에서 혜능 순으로 헤아린다. 사실 선종의 발원 과정은 상당히 복잡하다. 그 속에서 수많은 스님, 거사들이 큰 역할을 했음은 물론이다.

달마가 샤오린사에 머물던 전후로 중국 남방 지역에서도 수많은 이들이 자기만의 방식으로 불법을 드높이고 있었다. 그중 선종과 관련된 매우 중요한 인물이 있는데 바로 거사 부흡傅翕, 497~569이다. 그는 '부대사' 혹은 '선혜대사'라고도 불리는데 주로 양무제 시대에 활약했다. 당시 남방 지역의 문화와 학술적 분위기는 생동감이 넘치고 활기찼다. 달마가 북방 지역에서 인도의 선 철학에 근거해 포교할 때 부대사는 노장사상이나 심지어 유교사상까지도 불학에 융합시키는 데 열의를 다하였다. 그는 전혀 규칙에 구애받지 않고 실정에 맞춰 융통성 있게 일을 진행하였고 남방 지역의 선 분위기 형성과 선의 중국화에 깊은 영향을 끼쳤다.

그러면서 부대사의 삶에 대한 기록은 전설적 색채를 띠게 되었고 결국 진위를 구별하기 어려운 지경에 이르렀다. 하지만 생각해볼 만한 가치가 상당하다. 당나라의 시인 누영樓穎이 엮은 《부대사록傅大士錄》을 보면 다음과 같은 대목이 나온다.

한번은 양무제가 부대사에게 《금강경》 강의를 청했다. 법좌에 오른 부대사는 계척(戒尺, 독경할 때 박자를 맞추거나 수계식 때 진행을 통제하기 위해 사용되는 도구. 두 개의 나무토막을 치면 소리가 난다.―옮긴이)으로 법상을 힘껏 내리치고는 이내 법좌에서 내려왔다. 이를 본 양무제는 어안이 벙벙할 뿐이었다. 이를 지켜보던 인도의 고승 지공誌公, 417~514이 양무제에게 물었다.

"폐하, 아시겠습니까?"

당황한 양무제는 그저 "글쎄, 무슨 소리인지 잘 모르겠소"라고 대답했다. 이에 지공은 이렇게 말했다.

"부대사의 금강경 강의가 이미 끝났습니다."

이는 선가禪家의 '날카로운 논조'가 처음으로 나타난 고사다. 이 이야기의 일부 정황은 확실치 않지만 양무제는 금강경의 내용을 잘 알고 있으면서도 부대사가 금강경을 자세하게 강론해줄 것을 바랐다. 언어 문자에 빠져 있었던 것이다. 부대사는 이런 사실을 미리 알고 있었기 때문에 마지못해 강의에 응했다가 한 마디 강론도 하지 않고 내려온 것이다. 청중들은 계척으로 법상을 치는 소리를 듣고 무엇을 깨달았을까? 아마도 강의를 들은 당사자에 따라 깨달은 바가 제각각 달랐을 것이다.

몇 년 전 이와 비슷한 기사를 본 적이 있다. 서양의 한 피아니스트가 연주회를 시작하면서 피아노 건반 위에 손을 올려 놓고는 한동안 아무 소리도 내지 않아 공연장은 고요한 정적만이 감돌았다. 얼마 뒤 피아니스트는 숨소리마저 죽인 채 연주가 시작되기를 기다리는 관객들을 향해 공연이 끝났음을 알렸다. 《금강경》을 강의했던 부대사의 분위기가 물씬 풍기는 상황 아닌가? 피아니스트가 부대사의 고사를 읽은 적이 있었는지는 모르겠지만 말이다. 가장 아름다운 음악은 듣는 이의 상상에 의해서 만들어진다. 가장 고상한 불법 역시 스스로 체득해야 하는 것이지 언어로 전달되는 것이 아니다.

노장사상과 선사상

부대사는 중국의 초기 선학자 가운데 작품을 가장 많이 남긴 인물로 손꼽힌다. 그중 대중에게 잘 알려진 시 한 수를 살펴보자.

여기 한 물건 있어 천지에 앞섰으며
형체 없고 본래 고요하지만
능히 만물의 주인 되어
사계절의 변화에 따르지 않네.

有物先天地　　　유물선천지

無形本寂寥   무형본적요

能爲萬象主   능위만상주

不逐四時凋   불축사시조

부대사의 가르침은 이렇다. 불성(佛性, 부처의 본성 혹은 깨달은 마음—옮긴이)은 천지가 아직 형성되기 이전에 존재했던 것으로 구체적 외형 없이도 볼 수 있고 가늠해볼 수도 있으면서 또 모든 것을 포함하고 있다. 그것은 영원히 존재한다. 영원한 적막이면서 사계절의 변화를 쫓지 않는 만물의 본체다.

부대사가 불성을 언급하기는 했지만 위의 시의 내용은《노자》제25장의 내용을 융합시켜 완성했다는 것을《노자》를 읽었다면 금세 알 수 있다. 원문은 이렇다.

온갖 것이 한데 섞여 있다가 천지보다 먼저 펼쳐진다.

고요하고 텅 비어있으며 홀로 다니면서 변하지 않는다.

두루 다니지만 존재가 위태롭지 않으니 천하의 어미일 수 있겠다.

有物混成, 先天地生   유물혼성, 선천지생

寂兮寥兮, 獨立而不改   적혜료혜, 독립이불개

周行而不殆, 可以爲天下母   주행이불태, 가이위천하모

이는 '도道'라는 우주의 본체에 대한 노자老子의 설명이다. 부대사는 '도'를 빌려 '선'을 설명하는 아주 교묘한 수법을 사용했다고 볼 수 있다. 그렇게 지어진 시로 중국의 지식인들이 불교의 철학적 이론을 쉽게 받아들일 수 있도록 한 것이다. 즉 '도'와 '선'을 접목시켜 '선'을 중국화하는 방법을 사용했다고 해도 무방하다.

고결한 지혜를 품은 삶의 태도

한편 또 다른 시는 더욱 도드라지는 특성을 지니고 있다. 도가 전통에서 한 번도 보지 못한 묘사를 담고 있다.

손에 든 것 없이 호미를 들고
걸으면서 무소를 탄다.
사람이 다리 위를 지나는데
다리만 흐르고 물은 흐르지 않는구나.

空手把鋤頭   공수파서두
步行騎水牛   보행기수우
人從橋上過   인종교상과
橋流水不流   교류수불류

10여 년 전 여행 도중 젊은 스님을 만난 적이 있었다. 스물이 안 되어 보이는 스님은 우직하고 소박해보였다. 수행하면서 깨달은 것에 대해 물었더니 스님은 잘 모르겠다고 했다. 다만 자신의 사부가 이르기를 잘 배우면 다리만 흐르고 물은 흐르지 않는 이유를 알게 될 것이라고 했단다. 이 문구의 한 자 한 자는 고결한 지혜에 대한 열망과 동경이 가득하다. 이제 그 스님도 중년의 문턱을 넘어섰을 것이다. '다리만 흐르고 물은 흐르지 않는'다는 말의 뜻을 스님은 깨달았을까.

이 시를 이해하기는 쉽지 않다. 자체적으로 모순을 안고 있기 때문이다. '손에 든 것이 없다'면서 또 어떻게 호미를 들었을까? '걸으면서', 또 어떻게 무소를 타고 있는 걸까? '사람이 다리 위를 지난다'는 것은 평범한 일이지만 '다리만 흐르고 물은 흐르지 않는다'는 표현은 분명 상식에 어긋난다. 선자들의 말은 대개가 이렇다. 모순된 사물을 한데 놓고 설명한다. 겉보기에 완벽하게 불합리하고 불가능한 상황을 묘사하면서 논리적 분석을 거부하고 배척한다. 일반적 상식을 뛰어 넘어 한층 더 깊은 생각을 하도록 유도하고 결국 기막히게 뛰어난 경지를 지향한다.

군이 해석을 해보자면 이렇게 말해볼 수도 있다. 불교 이론에서 심성은 텅 비어 있으면서도 밝게 빛나는 것으로 그런 상태여야만 자유로울 수 있다. 하지만 아무 하는 일도 없고 전혀 흔적도 없는 완전한 '공空'은 절대 존재하지 않는다. 따라서 어떤 상황에 처해있든지 비어 있으면서도 밝은 심리상태를 유지해야 외부의 구속으로부터 자유로울

소위 신분의 위아래와 귀천은 결국 외부 요소가 결합해 낳은 결과이므로
근본적으로는 허상이다. 이 점을 인식하지 못한다면 관료주의의
위력 속에서 길을 잃고 그저 관리가 될 뿐 사람은 되지 못한다.
일만 하고 사람은 되지 못해서야 쓰겠는가.

수 있다.

　사람은 사회적인 조건 속에서 생활하므로 반드시 특정한 사회적 신분을 얻게 된다. 그 신분은 사회의 평가를 통해 지위의 위아래와 귀천의 차별이 생기게 된다. 그러나 소위 신분의 위아래와 귀천은 외부 요소가 결합해 낳은 결과이므로 근본적으로는 허상이다. 가령 당신이 관리가 되었다면 그 관직이 바로 손에 쥔 '호미'가 된다. 스스로가 손에 든 것이 없다는 점을 인식하지 못한다면 관료주의의 위력 속에서 길을 잃고 그저 관리가 될 뿐 사람은 되지 못한다. 그렇게 되면 당신 전부가 '호미'로 변해버리는 것이다. 생각지도 못한 좌절을 겪은 관리가 신분의 추락과 환경의 변화를 온전히 감당하지 못하여 심리적으로 무너지고 괴상한 언행을 일삼는 경우를 종종 목격할 수 있다. 스스로 '호미'가 되어버린 순간 완벽히 자신을 잃어버리는 것이다.

　그렇게 보면 '손에 든 것 없이 호미를 들고, 걸으면서 무소를 탄다'라는 시구는 이해 못할 상황이 아니다. 이 시구가 말하고자 하는 바는 이렇다. 행위와 흔적이 있더라도 결국은 여전히 공이라는 것이다. 세상을 살아가다 보면 수많은 변화를 겪게 되고 그 변화들에 대응해야 한다. 그러니 마음의 평화와 안정을 유지하고 외부의 변화에 부화뇌동하지 않아야 한다. 그것이 바로 '공'이 지닌 의미다.

'흐름'을 변화로 본다면 '변화' 역시
'불변'이라 볼 수 있지 않을까?

'사람이 다리 위를 지나는데, 다리만 흐르고 물은 흐르지 않는구나'라는 이 시구는 먼저 상대적인 개념으로 사물의 움직임을 이해할 필요가 있다. 다리와 물의 관계에서 물은 앞을 향해 흐르니 다리는 뒤로 멀어져간다고 생각할 수 있다. '움직임'과 '정지'는 사실 사물들이 서로 간에 보이는 상태다. '온여태산穩如泰山'이라는 성어가 있다. '태산처럼 끄떡없고 굳건하다'라는 뜻이다. 그렇다면 태산은 정지해 있을까? 대지도 정지해 있을까? 지구는 자전하고 공전한다. 그 속도는 우리가 일상생활에서 의식할 수 있는 모든 물체의 운동 속도를 훨씬 뛰어넘을 정도다. 다만 우리가 지구의 움직임과 상대적 관계를 형성하고 있는 대상을 일상에서는 제대로 보지 못할 뿐이다.

달리 이런 식으로 이해할 수도 있다. '흐름'을 변화로 본다면 '변화' 역시 '불변'이라 할 수 있다. 물은 늘 흐르는 것이니 변화이기도 하고 늘 흐른다는 면에서는 불변이기도 하지 않는가. 만물은 공히 이루어지고(형성되고), 멈추고(지속하고), 탈이 나고(손상되고), 비어 있게 된다(소실되고 전환된다). 그러니 다리의 불변도 변화라 할 수 있는 것이다.

물론 부대사의 본뜻이 상술한 사물에 대한 두 가지 이해방식을 겸한 것이라고 확언할 수는 없다. 하지만 부대사는 단순하고 완고한 입장에서 벗어나 사물의 변화를 보아야 한다고 말한다. 그래야 세상을 제대로 느낄 수 있다고 말한다.

고대의 선시가 풍기는 오묘한 분위기는 현대의 시인들에게 매혹감을 안겨준다. 그래서인지 타이완의 시인 저우멍뎨周夢蝶, 1920~?의 작품 〈나룻배 위에서〉는 부대사의 '다리만 흐르고 물은 흐르지 않는구나'를 연상케 한다.

물이 배와 나를 지고 가고 있는가.
그도 아니면 내가 걸으면서 배와 물을 지고 있는가.
땅거미가 사람을 유혹하니
아인슈타인의 미소가 심오하고도 처량하구나.

이건 어디까지나 필자의 방식대로 시를 해석한 것이다. 어떤 이는 다르게 이해하고 해석할 수도 있다. 아마 시를 해석하는 데 고정되고 유일한 '정확한 해석'은 없을 것이다. 다만 암시만 있을 뿐이다. 그래서 선은 늘 불가사의한 존재로 인식되곤 한다. 그런 면에서 부대사의 작품은 이러한 특징이 고스란히 묻어난 최초의 불시다. 선의 역사에서 갖는 중요성 역시 두말할 필요가 없다.

나무꾼 혜능이 선종의 후계자가 되기까지

한편 선종의 역사에서 가장 중요한 인물은 단연 육조 혜능이다. 혹

자는 그를 공자, 노자와 함께 놓고 유儒, 도道, 석釋 삼교三教의 '3성三聖'
이라 칭할 정도다. 혜능이 홍인의 교법을 전수받은 이야기가 《육조단
경六祖壇經》에 소개되어 있는데 수많은 전설적 색채를 띠고 있다.

당시 선종의 5대조인 홍인은 호북湖北성 황매黃梅현의 동산사東山寺
에서 설법회를 열었다. 당시 그는 700여 명의 제자와 10여 명의 대제
자를 거느리고 있었다. 대제자 중에서도 특히 신수神秀, 605~706라는 이
의 학문적 깊이가 남달랐다. 그는 '교수사(教授師, 불교에서 계를 받는 사람의 태
도와 행동을 지도하는 교수─옮긴이)'로 선정되어 스승을 대신해 제자들에게 강
의를 했다.

그와 반대로 절에는 유달리 보잘 것 없는 이도 있었는데 바로 혜능
이었다. 그는 본래 문자를 배우지 못한 나무꾼이었다. 하지만 불법에
관심이 많아 동산사에 의탁하여 방아를 찧는 등 온갖 잡일을 했다. 혜
능은 정식으로 머리를 깎고 출가한 것이 아니어서 지금의 농민공(농촌을
떠나 도시에서 일하는 중국의 빈곤층 노동자를 뜻함─옮긴이)과 비슷한 지위를 가지고
있었다고 생각하면 될 것 같다.

홍인은 자신이 늙었음을 인식하고 후계자 선발을 준비했다. 그는
제자들에게 각각 게송(偈頌, 부처의 공덕을 찬미하는 노래─옮긴이)을 짓도록 해
선에 대한 이해의 정도를 가늠해보고자 했다. 이를 근거로 후계자를
결정하려는 의도였다. 과연 누구를 선택했을까? 신수 이외에 또 누가
있었겠는가? 제자들 중 누구도 신수가 후계자가 될 것이라는 데에 의
문을 갖지 않았고 고려의 대상이 될 만한 제삼자는 존재하지도 않았

다. 신수 역시 후계자 자리를 양보할 뜻이 없었다. 그러던 중 어느 날 밤에 신수는 건물의 남쪽 복도 벽에 게송 한 수를 썼다.

몸이 보리수라면
마음은 맑은 거울 받침대와 같네.
때때로 부지런히 먼지를 털고 닦아
먼지가 끼지 않게 하세.

身是菩提樹　　　　신시보리수

心爲明鏡臺　　　　심위명경대

時時勤拂拭　　　　시시근불식

勿使惹塵埃　　　　물사야진애

한편 동산사로 온 지 8개월밖에 되지 않던 혜능은 하루하루 바쁜 나날을 보내고 있었다. 그 와중에 사람들이 신수의 게송을 놓고 논쟁을 벌이는 소리를 듣게 되었다. 살펴보니 자신의 생각에는 신수가 틀렸다고 여겨졌다. 하지만 자신의 생각을 표현하고 싶어도 글을 모르기에 다른 사람에게 자신이 지은 게송을 벽에 써달라고 부탁하기에 이른다.

보리에는 본래 나무가 없고
맑은 거울 또한 받침대가 아니네.

본래 한 물건도 없는데
어느 곳에 때가 앉으랴.

菩提本無樹	보리본무수
明鏡亦非臺	명경역비대
本來無一物	본래무일물
何處惹塵埃	하처야진애

　신수의 게송을 본 홍인은 그가 깨달음의 문 앞에는 이르렀으나 아직 문 안으로는 들어서지 못했다고 평가했다. 한편 혜능의 게송을 보고는 그가 불법의 중요한 이치를 제대로 알고 있다고 판단했다. 그러고는 한밤중에 혜능을 내실로 불러 《금강경》을 해설해주었다. 이어서 선종에서 대대로 이어 내려오는 가사(袈裟, 스님이 장삼 위에 입는 법의─옮긴이)를 혜능에게 건넸다. 혜능이 자신의 합법적 후계자임을 표명한 것이다. 《서유기》를 읽으면 불교의 창시자가 한밤중에 손오공을 방으로 불러 분신술을 가르치는 대목이 나오는데, 혜능의 이야기가 변화되어 만들어진 것이다.

　홍인은 안목 있는 사람이었다. 하지만 보잘 것 없는 혜능의 신분이나 명망 때문에 다른 승려들은 홍인의 결정을 받아들이기 쉽지 않았다. 홍인은 이런 여론으로 혜능이 해를 입지 않을까 고민한 결과 그날 밤 혜능과 신수를 떠나보냈다. 그렇게 신수는 북쪽으로 혜능은 남쪽으로 가 각자의 종파를 세웠다. 일정 기간 남북이 대립하기는 했지만 중당中唐 시기 이후에 혜능 계통의 선종인 남종선南宗禪이 우위를 점하면서 선가의 정통으로 추존되기에 이르렀다.

신수와 혜능이 지었던 게송은 어떤 부분에서 차이점이 있는 것일까? 신수의 게송이 드러냈던 것은 수준 높은 자각의 상태였다. 신수는 순간순간 자신의 마음을 살펴야 하며 쉼 없는 수행을 통해 외부로부터의 유혹을 제어할 수 있다고 보았다. 신수가 '몸이 보리수'라고 한 것은 곧 지혜를 '몸'으로 구체화한 것으로 풀이되며, 형태가 있는 생명에게 몸은 곧 '나'라고 할 수 있다. 개체인 '나'가 중심이 되는 지혜는 외부세계와 대립되므로 '나'는 결국 편협하고도 유한한 존재가 되고 만다. 또한 마음이 거울처럼 텅 비어 있고 맑다는 의미는 틀린 말은 아니다. 하지만 '마음은 맑은 거울 받침대와 같네'라고 했을 때 '받침대'는 결연하고 고집스러운 태도를 상징한다. 이런 태도에서는 마음이 텅 비어 있고 맑은 상태는 실제로 절대 존재할 수 없게 된다.

반면에 혜능의 시각에서 우리의 심신은 실체적이지 않다. 그에게는 먼지털이로 계속 털어내려고 하는 '먼지'라는 존재도 사실상 존재하지 않는다. 《금강경》에 설명된 것처럼 '凡所有相 皆是虛妄범소유상, 개시허망', 즉 무릇 형상이 있는 것은 모두 허망한 것'이라는 이치와 같다. 모든 현상은 본래 변하려는 본성을 갖고 있다는 것이다. 일단 '本來無一物본래무일물', 즉 만물은 본래 실체가 없고 공에 지나지 않으니 집착해야 할 대상은 아무 것도 없다는 사실을 자각하면 자아가 중심이 되는 생각과

'나와 세계의 대립에서 벗어나게 된다. 먼지가 없으니 먼지를 털어낼 필요도 없어지는 것이다. 걱정이 없으니 고요하고 자유로워진다. 애써 수행할 필요도 없고 일상생활에서 벗어날 필요도 없는 상태에서 진정한 깨달음에 도달할 수 있다.

걱정은 마음이 길을 잃어 생긴 것

후대에 신수와 혜능이 지은 두 게송에 대해 의논이 분분하다. 여기서 짧은 글을 통해 두 인물이 지닌 불교 철학 이론 체계의 차이점을 분석한다는 것은 억지가 아닐까 싶다. 두 사람의 두드러지는 차이점은 되레 그들이 선종의 계율을 지키며 수행하는 과정에서 추구한 삶의 태도에 있다. 선종은 달마에서 홍인에 이르기까지 5대를 거치면서 점차 중국의 문화전통과 서로 조화를 이루기는 했지만 여전히 인도 선의 기풍이 계속 이어지면서 좌선을 주요 수행법으로 지켜왔다. 아마도 홍인은 선종의 이러한 기풍을 변화시키려는 생각이 있었던 것 같다. 어쩌면 그는 혜능에게서 선종 발전의 로드맵을 보고 싶었는지도 모르겠다.

《선종송고연주통집禪宗頌古聯珠通集》에는 남송 말기 갈려 정담葛盧淨覃 선사의 시 한 수가 수록되어 있는데 상술한 내용의 특징을 생각하면서 살펴보면 좋겠다.

사제의 인연으로 만남은 유래가 있었기에

맑은 거울에는 받침대가 없다는 말 몰래 던졌네.

소림의 고행법 무너뜨리고 살길을 찾아서

노 젓는 소리 흔들리는 달빛에 창주를 건넜네.

師資緣會有來由　　사자연회유래유

明鏡非臺語暗投　　명경비대어암투

壞却少林窮活計　　괴각소림궁활계

櫓聲搖月過滄洲　　노성요월과창주

위 시에서 앞의 두 구는 혜능과 홍인 두 사제 간의 마음이 서로 어
우러져 있음을 말하고 있다. 세 번째 구에 나오는 '궁활계窮活計'의 본
뜻은 힘들여 생계를 도모하는 방법을 말한다. 하지만 여기에서는 샤오
린사에서 세운 고행의 전통을 가리키는데 이를 혜능이 타파했다. 한편
이 시의 네 번째 구 '노 젓는 소리 흔들리는 달빛에 창주를 건넜네'는 혜
능이 강을 건너 남쪽으로 갔음과 동시에 혜능 이후에 선종이 보다 대범
하고 시적 정취가 풍요로운 방향으로 흘러갔음을 은유하고 있다.

혜능이 세운 남종선에는 다음과 같은 세 가지 핵심이 있다. 첫 번째
로 '심외무불心外無佛'이다. 즉 마음 밖에 부처가 없다는 것이다. 모든
사람의 마음이 바로 불성이며 성불은 그저 스스로 본성을 깨닫는 데
있다는 말이다. 때문에 선의 수행은 좌선이나 독경을 모두 아우르고
있지만 이를 필수조건으로 삼지는 않는다. 부적절하고 경직된 좌선과

독경은 되레 '깨달음'의 장애가 될 공산이 크다. 고명한 선사들은 좌선과 독경에만 몰두하는 제자들을 만나면 발로 걷어차 넘어뜨리고 읽고 있는 경전을 불 속에 던져 태워 버릴 수밖에 없었다.

두 번째는 깨달음에 대한 강조다. 사람의 마음과 불성은 하나이기 때문에 깨달음은 점진적이거나 단계적으로 진행되지 않는다. 깨달음은 문뜩 다가온다는 것이다.

세 번째는 속세와 떨어지지 말라는 것이다. 혜능은 《육조단경》에서 '佛法在世間, 不離世間覺불법재세간, 불리세간각', 즉 불법은 속세에 있으니 속세를 떠나지 않아야 깨달음을 얻을 수 있다고 했다. 수행이 속세의 생활을 떠남을 의미하지는 않는다는 것이다. 대주선사의 '배고프면 밥 먹고 졸리면 잠을 자라'는 말이 곧 혜능이 말하는 '노력'의 방법인 것이다. 도를 깨달은 사람도 현실의 삶 속에서 초월적인 불성과 내재적 본성의 종극적終極的 합일을 이룬 것뿐이고 정신적 해탈을 완성한 것뿐이다. 그 사람들도 일반인들처럼 밥을 먹고 잠을 자며 물을 긷고 장작을 패는 평범한 생활을 하고 있다.

이 세 가지 핵심의 결론은 불교, 특히 선종의 근본적 세계관과 연관되며 일반 종교와는 큰 차이점이 있다. 선종은 세계의 본질은 불성이지만 불성과 사람의 마음은 동일하기 때문에 심성에 대한 인식이 곧 세계의 불성에 대한 인식이라고 한다. 바꿔 말해 각각의 생명이 지닌 최상의 본질과 세계가 지닌 최상의 본질은 동일하다는 것이다. 결국 '부처님'의 본질은 사람의 본질이라는 것이다. 사람의 걱정과 고통은 다만 마음이 길을 잃었기 때문에 생겨난다.

깨달음은 삶의 주인으로 살아가는 것을 의미한다

그렇다면 사람들은 선을 통해 무엇을 하려는 것일까? 먼저는 성불
이다. 선을 수행하는 수많은 사람들은 대부분 공통된 목적을 갖고 있
다. 생사의 윤회를 넘어서 영원으로 들어서는 '열반(涅槃, 불교에서 수행을
통해 도달하는 궁극적 경지-옮긴이)'에 이르는 것이다. 이는 기독교에서 말하
는 심판의 날에 천국에 이르고자 하는 소망과 같다. 그런데 선은 종교
적 목적과 관련 없이 현세의 생활에만 관심을 가지고 있는 듯하다. 후
자의 의미에서 선은 정신적 해탈과 초월이고 고결한 지혜를 품은 삶의
태도이고 자유로운 생활방식이다. '세계의 선자'라 불리는 스즈키 다이
세쓰는 《선과 심리분석》에서 "선은 본질적으로 삶의 본성으로 들어가
는 예술이고 구속에서 벗어나 삶의 주인이 되는 길을 안내한다"라고
했다.

선을 이야기할 때 삶의 태도와 생활방식을 주로 언급하게 된다. 선
을 통해 자신을 이해하고 세계를 이해하며 자신과 세계의 관계를 이해
할 수 있다. 궁극적으로 선은 삶이 아름다워질 수 있다고 믿고 있으며
이 믿음이 생활 속에서 실현되기를 바란다.

또한 선은 삶의 태도와 생활의 방식으로서 본질적으로 시적 특성을
지닌다. 선은 직감을 이용해 개성을 표현하고 하늘의 뜻에 생기를 돋

운다. 평범하고 속됨을 넘어서되 일상과 분리되지 않는다. 그 본질적 연관성으로 인해 중국의 시학과 선학은 일찌감치 서로 가까워지고 있었다. 선에 시가 있고 시에 선이 있는 것이 중국 전통문화를 구성하는 중요한 특징이 되고 있다.

움직이는 건
바로 우리의 마음

육조 혜능은 오조 홍인의 불법을 전수받은 뒤 분쟁을 피하기 위해 10여 년 동안 은거 생활을 했다. 후에 그는 광주의 법성사(法性寺, 지금의 광샤오사光孝寺-옮긴이)로 가서 인종印宗, 627~713법사의 《열반경涅槃經》 강의 법회에 참석하게 된다.

어느 날 법회장에 한바탕 바람이 불어 깃발이 흔들리자 이를 지켜보던 두 스님이 논쟁을 벌였다. 그중 한 명은 '바람이 움직인다'고 했고 다른 한 명은 '깃발이 움직인다'고 주장했다. 이를 지켜보던 혜능이 두 스님에게 이르기를 "바람이 분 것도 아니고 깃발이 움직인 것도 아니다. 그대들의 마음이 움직인 것이다"라고 말했다. 그 말을 듣고 장내 사람들은 놀라지 않을 수 없었다. 선종의 대표적인 어록인《육조단경》에 등장하는 이야기다.

이는 선종 역사상 매우 유명한 일화로 중국의 중학교 정치 교과서는 이 일화를 예로 들어 '유심론唯心論'이란 과연 무엇인가에 대해 설명하고 거기에 비평을 곁들였다.

혜능의 말은 《대승기신론大乘起信論》에 실린 유명한 두 구절에서 근거를 찾을 수 있다. '心生卽種種法生, 心滅卽種種法滅 심생즉종종법생, 심멸즉종종법멸', 즉 마음이 생기면 모든 법이 생기고, 마음이 사라지면 모든 법이 사라진다. 여기에서 '법'이란 간단히 말해 '현상'을 뜻한다. 그렇다면 현상은 생각에 의해 나타났다 사라지는가? 언뜻 보면 참으로 이상하다. 혜능이 말한 '마음이 움직인다'는 말을 그냥 무심히 들으면 그 얼마나 황당한 말인가. 분명 '바람이 불어 깃발이 움직인 것'인데 도대체 '마음'과 무슨 연관이 있단 말인가? 마음이 움직이지 않으면 바람이 아무리 불어도 깃발을 움직이게 할 수 없다는 것인가?

욕망을 통제하지 못하면
마음이 흔들려 변형된 세상만 보게 된다

불교에서는 이런 종류의 문제를 놓고 매우 복잡한 이론을 내세운다. 좀 쉽게 말하자면 이렇다. 사람들이 하나의 사물을 두고 '이건 무엇이다', '이건 어떻다'라고 판단을 내릴 때 자신의 입장과 지식과 경험, 그리고 가치의 척도가 함께 작용한다.

마음이 온전히 따스한 정으로 가득 차 있을 때 봄꽃은 멋들어지고 탐스럽게 보이며 가을 낙엽마저 눈을 즐겁게 할 정도로 세상이 아름다워 보일 것이다. 반대로 마음에 원망이 가득 차 있다면 그 눈에는 도처에 들어찬 적의만 보이고, 그 귀에는 음모가 도사린 듯한 소리만 들릴 것이다. 성엄聖嚴, 1929~현재법사는 "원수를 보면 견딜 수 없는 고통을 느끼지만 생각을 바꾸어 관용을 베풀고 용서하고 동정하면 자비로운 마음으로 원수를 대하게 된다. 일단 자비로운 마음이 생기면 미움이 사라지는 것이다. 미워하는 마음이 없어졌을 때 상대방은 더 이상 원수가 아니다. '원수'라는 생각도 '원수'라는 현상도 더 이상 존재하지 않는다"고 했다. 이것이 바로 '마음이 사라지니 온갖 것들이 따라서 사라진다'는 것이다.

성엄법사의 이 말은 맞는 구석도 있지만 무릎을 탁 칠 정도로 완벽하지 않다. 사실 사람들은 먼저 원한을 품은 후에 원수를 만들어낸다. 마음속의 원한이 스스로 원수를 찾는 것이다. 이때 '원수'는 그저 원한을 품은 마음이 실천에 옮길 대상을 찾은 것에 불과하다. 동일한 과정이 다른 감정들에도 적용될 수 있다. 일단 욕정이 생기면 연인이 생길 수 있다. 욕정도 실천할 대상을 찾아야 하기 때문이다. 그런 관점에서 보자면 중국 명나라 때의 희곡작가이자 문학가인 탕현조湯顯祖의 명작인 《모란정牧丹亭》은 매우 감동적인 작품이다. 생명이 지닌 욕망의 갈구가 실천에 옮겨진 이야기를 묘사했기 때문이다.

하지만 자신의 욕망을 인식하고 통제하지 못하면 마음속 욕망이 요동을 치면서 마음이 흔들리고 덩달아 만물도 흔들려 변형된 세상만 보게 된다. 편협하고 고집스러운 입장에 서면 끊임없이 시비를 따지게 되고 까닭 없이 복福과 화禍가 되풀이되며 마음속의 걱정이 갈수록 깊어진다. 그런 면에서 수행을 통해 도달하고자 하는 경지는 바로 허망한 생각에서 벗어나고 터무니없는 생각이 만들어내는 세상의 환상에서 벗어나는 것이다. 그런 가운데 텅 비어 있으면서도 밝은 심리상태를 유지하여 마음이 외부상황의 변화에 좌지우지되지 않는 것이다. 이런 심리가 바탕이 되어야 자유를 얻게 된다.

천 길 낚싯줄 곧게 드리우니
겨우 한 물결 움직임에 만 물결 따라 이네.
밤은 깊고 물은 고요해 고기가 물지 않으니
배에 허공만 가득 부질없이 밝은 달빛만 싣고 돌아오네.

千尺絲綸直下垂　　천척사륜직하수
一波纔動萬波隨　　일파재동만파수
夜深水靜魚不食　　야심수정어불식
滿船空載月明歸　　만선공재월명귀

당나라 때 덕성선사德誠禪師의 시 〈선거우의船居寓意〉다. 이 시는 낚시를 인용해 선법禪法을 상징적으로 설명하고 있다. '천 길 낚싯줄 곧게 드리우니'는 아주 깊은 욕망이 사람의 행동을 이끌어낸다는 점을 묘사했다. 명성도 좇고 이익도 좇는 과정에서 결국 마음에 간절함이 깃들면 외부로부터 무언가를 얻어야 만족감을 느끼게 된다. 그런데 '겨우 한 물결 움직임에 만 물결 따라 이네'라고 했다. 수면에 이는 물결처럼 하나의 물결이 이어지는 물결을 만들어 내듯이 한 걸음 내딛으면 이어 두 걸음, 세 걸음, 더 나아가 끝없는 걸음을 내딛게 된다. 원인과 결과의 변화를 스스로 통제할 수 없는 지경에 이르게 된다는 것이다. 그러면서 점차 탄식을 연발하게 된다. "아이고! 이 지경에까지 오다니!", 혹은 "정말, 어떻게 할 수가 없네!" 등의 말만 되풀이할 뿐이다. 세상에는 깊은 원한과 복수심에 사로잡혀 치열한 생사의 결투를 벌이는 사람들이 있다. 도대체 왜 그러느냐고 이유를 물으면 사소하고 잡다한 것에 불과하거나 심지어는 한때의 오해인 경우도 있다. 어쩌다가 이렇게까지 되었을까? '겨우 한 물결 움직임에 만 물결 따라 인 것'이 아닐까.

'밤은 깊고 물은 고요해 고기가 물지 않으니'라고 했다. 문득 깨달음이 온 것이다. 자신이 애초에 바랐던 목표가 사실은 허무맹랑하다는 점을 발견했다. 원래 별 필요가 없거나 얻은 만큼 잃는 것이 생길 수도 있는 그저 그런 목표일 뿐이었다. 이제 상황을 파악했으니 피동적 상태에서 빠져나오되 조금은 잽싸게 움직일 필요도 있다. '배에 허공만 가득 부질없이 밝은 달빛만 싣고 돌아오네'는 아무것도 얻지 못하고 빈 배로 갔다가 빈 배로 돌아오는데 어쩐지 마음은 기쁘다는 것이다. 과연 '득得'이란 무엇인가? 전심으로 하나의 물건을 얻고자 그것을 마음에 두고 한시도 잊지 않으면 마음은 소망하는 대상으로 가득 채워진다. 그러다 보면 어느새 넓고 넓은 세상은 거들떠보지도 않고 '득'은 실현하지 못한 채 잃어버린 것만 그새 많아지고 만다. 그렇다면 '실失'은 무엇일까? 외부의 사물에 어떤 동요도 없이 '득과 실'을 인연의 변화로만 보면 마음속에 큰 자유가 생겨 근본적으로 '잃을' 물건 자체가 없어지게 된다. '겨우 한 물결 움직임에 만 물결 따라 이네'는 일반적인 대중의 인생이고 '배에 허공만 가득 부질없이 밝은 달빛만 싣고 돌아오네'는 선자의 경지다. 그렇다면 이 둘의 차이점은 무엇일까?

자목련은 피어났다고 기뻐하지 않고 졌다고 슬퍼하지 않는다

왕유王維, 699?~759의 시 〈신이오辛夷塢〉는 보잘 것 없어 보이는 부용화를 이용하여 선의 정취를 품은 풍경을 뛰어나게 그려냈다.

나뭇가지 끝에 핀 부용화
산속에서 붉은 꽃봉오리 터트렸네.
산골짜기 외딴집 인적도 없이 적막한데
어지러이 꽃만 피었다 지는구나.

木末芙蓉花   목말부용화
山中發紅萼   산중발홍악
澗戶寂無人   간호적무인

紛紛開且落　　　분분개차락

　　여기에서 '나뭇가지 끝에 핀 부용화'는 자목련을 가리킨다. 자목련은 낙엽교목이고 초봄에 꽃을 피우고 꽃턱잎이 형성될 때 붓의 머리와 흡사해서 예전에는 목필화木笔花라고 부르기도 했다. 꽃은 자주색과 흰색 두 종류이고 나뭇가지 끝에서 꽃이 피고 연꽃처럼 잎이 크다. 이 시는 '붉은 꽃봉오리 터트렸네'라고 말하는데 바로 자주색 자목련을 이른 것이다.

　　필자는 이전에 산과 들에서 이런 꽃을 본 적이 있는데, 이 꽃이 피었을 때는 나뭇잎의 움이 트기 전이었는데도 불구하고 꽃의 빛깔이 유난히 선명하고 아름다웠다. 이런 꽃은 시드는 속도도 굉장히 빠르다. 그래서 꽃이 활짝 피었을 때 벌써 땅에 가득 떨어진 꽃잎을 볼 수 있다. 풀밭 위에서 그리고 흐르는 물에서 유달리 눈에 띈다.

　　불교 교리에는 이런 문구가 있다. '푸르른 대나무가 바로 부처님의 법신이고 무성하게 핀 국화가 바로 반야로다.'《대주혜해선사어록大珠慧海禪師語錄》에 실린 이 글의 의미는 자연의 초목에서도 불법의 지혜를 깨달을 수 있고 초목은 무정한 듯하지만 깊은 정감이 어려 있다는 뜻이다. 자목련은 계곡물 사이사이에서 홀로 피었다 진다. 하지만 피었다고 기뻐하지 않고 졌다고 슬퍼하지 않는다.

　　자목련에게 아름다운 생명은 있으나 그 아름다움은 결코 남의 환심을 사기 위한 것이 아니다. 일부러 애써 꾸민 적도 없다. 속세의 소란

욕망을 인식하고 통제하지 못하면 마음속 욕망이 요동을 치면서
마음이 흔들리고 덩달아 만물도 흔들려 변형된 세상만 보게 된다.
편협하고 고집스러운 입장에 서면 끊임없이 시비를 따지게 되고
까닭 없이 복福과 화禍가 되풀이되며 마음속의 걱정이 갈수록 깊어진다.

에서 벗어나 인적 없는 개울가에 가면 그 자체로 고요한 광경과 봄꽃 나무 한 그루를 만날 수 있다. 그 속에서 무엇이 만물의 원형이고 본성 인지 진심으로 이해하게 될 것이다. 그러다가 다시 속세의 소란 속으로 돌아가면 가끔은 햇볕 아래에서 맑고 아름답게 빛나며 아무 소리 없이 피었다 지는 산속의 보랏빛 꽃들이 선보였던 그 자태를 되새기게 될 것이다.

앞서 선종의 중요한 기원이 바로 중국의 노장사상이었다는 점을 언급했으며 일부 시인들은 순수하게 노장사상에서 출발해 선종과 가까운 인생의 이치를 제기했음을 논했다. 이처럼 '도'와 '선'은 나뉘었다 다시 합쳐지면서 늘 길의 어떤 지점에서 서로 만난다. 대표적으로 시인 도연명陶淵明, 365~427은 "커다란 조화의 물결을 따라 기뻐하지도 두려워하지도 말게. 끝내야 할 곳에서 끝내버리고 다시는 혼자 생각 깊이 마시게"라고 했다. 그의 시 〈형영신形影神〉의 일부다.

생사는 자연의 과정일 뿐이다. 단순히 목숨을 아끼고 죽음을 두려워하면 또 비겁하게 죽음이 두려워 한없이 욕망을 부풀리고 터무니없는 행실을 하다 보면 생명이 지닌 자연성은 파괴된다. 끝도 없이 공허한 마음에 우왕좌왕하는 삶을 살아갈 것이다.

마음을 흘리고 다닌다면
잠시도 평안을 누리지 못할 것

왕유의 시가 감동적이면서도 뭔가 모르게 적막감을 주었다면 위응물韋應物, 737~804의 시 〈저주서간滁州西澗〉은 조금 다른 느낌을 줄 것이다.

시냇가에 자란 그윽한 풀 홀로 어여쁘고
저만치 나무 깊은 곳에 꾀꼬리 울고 있네.
봄 강물 비에 불어 밤 되니 더욱 세찬데
나루터에 사람은 없고 배만 홀로 비껴 있네.

獨憐幽草澗邊生　　독련유초간변생
上有黃鸝深樹鳴　　상유황리심수명
春潮帶雨晚來急　　춘조대우만래급
野渡無人舟自橫　　야도무인주자횡

위응물은 중당中唐 시기의 시인으로 저주(滁州, 안후이安徽성에 있는 지명-옮긴이)에서 자사(刺史, 옛날 주州와 군郡의 지방관리-옮긴이)를 지낸 적이 있는데 당시 저주 서쪽 산과 들의 경치를 보고 이 시를 지었다.

이 시는 첫머리부터 풀을 등장시켰다. 원문의 '홀로 어여쁘고'는 편애의 의미를 담고 있다. 왜 그랬을까? 먼저 개울가에 핀 풀은 습기를 받아 봄이 왔을 때 유난히 푸르고 싱그럽기 때문이다. 다음으로 '그윽한 풀'은 생기가 넘치면서 동시에 순결하고 전혀 소란스럽지 않기 때문이다. 이처럼 개울가에 핀 봄풀에 대한 애정은 작가의 인생에 대한 심경을 드러내고 있다.

단순히 경치의 '그윽함'만을 묘사했다면 시의 정취는 쉽게 어두워지고 말았을 테지만 뒤에 이어지는 깊은 숲에서 울리는 꾀꼬리의 울음에 대한 묘사는 그윽하고 고요한 시의 정취에 유쾌한 분위기를 북돋운다. 이 시는 야외로 소풍을 가서 마음을 달래는 한 편의 작품으로 왕유의 〈신이오〉처럼 상징에만 치우치지 않았다. 이 시에는 일상적인 정취가 물씬 풍긴다.

중국 격률시格律詩의 한 종류인 절구絶句의 세 번째 구는 통상 전환의 의미를 지님과 동시에 전체 시를 마무리 짓기 위한 포석을 놓는 구이다. '봄 강물 비에 불어 밤 되니 더욱 세찬데'는 비온 뒤의 개울이 황혼을 맞이하면서 점차 물살이 급해진 상황을 그렸다. 시간 흐름과 경치의 변화를 알려주면서 '나루터에 사람은 없고 배만 홀로 비껴 있네'라는 마지막 구를 훌륭하게 받쳐주고 있다. 개울물은 쉼 없이 흐르는데 개울가 나루터에 있는 작은 배는 아랑곳하지 않고 자유롭게 떠 있다. 그야말로 유유자적한 모습이다. 마치 시간이 정지한 듯하다.

우리는 늘 바쁘게 지낸다. 원인과 결과가 번갈아 나타나는, 숨 돌릴 틈 없이 번잡한 생활 속에서 무수한 일들을 경험하며 산다. 그러면서 우리의 마음에는 긴장감과 초조감이 자라난다. 이런 긴장감과 초조감

속에서도 시간은 쉬지 않고 흘러간다. 인생을 여행으로 비유해보면 나루터나 정류장 같은 장소는 방황하고 허둥대는 인생을 단번에 부각시키는 소재가 된다.

배와 자동차는 어딘가로 갔다가 다시 돌아오고 분주한 사람들은 각자 어딘가에서 오는 길이거나 어딘가로 가는 길이다. 하지만 그들에게 어디에서 왔고 어디로 가느냐고 물으면 누구나 망연할 것이다. 사람들은 다들 이런저런 일에 내몰려 원인과 결과의 일부분이 되어 있기 때문이다. 그러다가 간혹은 안정을 찾으면 일과 긴장감을 저만치 떼어놓고 삶의 여백을 찾기도 한다. 그 순간 그동안 전혀 관심을 기울이지 않았던 것에 시선이 향한다. 이를테면 풀잎의 한들거림이나 작은 새의 지저귐에서 문득 우아한 정취를 느낀다.

나루터에서는 어느 누구도 길을 재촉하지 않게 된다. 이윽고 평화롭게 하릴없이 정박해 있는 배는 문득 한 번도 발견하지 못한 정취를 자아낸다. 일의 사슬에서 벗어나려는 순간, 그 순간 시간의 사슬에서도 벗어나게 된다. 그 순간은 완전히 독립적이다. 그 순간은 어떤 과정의 일부분이 아니라 세상의 영원함이 드러나는 순간이다.

'나루터에 사람은 없고 배만 홀로 비껴 있네'는 강렬한 회화적 이미지를 자아낸다. 그래서 늘 화가들이 그림의 제목으로 삼곤 한다. 아무 말 하지 않지만 깊은 인생철학을 암시해주고 있는 것이다.

이 시점에서 처음의 '바람이 분 건지 깃발이 흔들린 건지'에 대한 문제로 돌아가 보자. 혜능 역시 '바람이 불어 깃발이 움직였다'는 사실에서 바람과 깃발이 각각 하나의 이유임을 부인하지 않는다. 혜능은 다만 주장하는 사람의 생각이 한쪽으로만 치우쳤을 때 이기고자 하는 욕망에 지배되어 사물의 연관관계를 융통성 있게 살필 수 없게 된다고 말한다. 즉 텅 비어 있고 편안하며 자유로운 마음의 본성을 잃게 된다는 것이다. 그러므로 '바람이 불었고', '깃발이 움직였다'고 고집스레 말하는 것들을 '사실은 마음이 움직인 것이다'라고 정리한 것이다.

세상에는 시시비비와 논쟁과 유혹이 끊임없이 도사리고 있다. 그 와중에서 태연하게 걸어 나올 수 있는 이 누가 있을까. 마음에서 온전히 동요를 없애는 것은 대단히 어려운 일이다. 그렇다고 여기저기에 마음을 흘리고 다닌다면 평생 동요 속에 살게 될 것이고 잠시도 평안을 누리지 못하게 될 것이다.

그리운 것은
모두 시가 된다

이 세상에는 수없이 많은 소리들이 존재한다. 왁자지껄한 소리, 청명하여 듣기 좋은 소리, 웅장한 소리, 애절한 울림이 있는 소리 등 헤아릴 수 없다. 모든 소리는 울리고 난 뒤 서서히 자취를 감춘다. 여기저기서 끊임없이 울리는 소리 사이에서 깊이를 지닌 그윽한 소리도 듣게 된다. 그것은 뭐라 말로 설명하기 어려운, 사람의 마음을 흔들어 놓는 소리다.

고요와는 거리가 먼 잡음도 있다. 다른 각도에서 보자면, 세상은 마치 왁자지껄한 무대와도 같아서 각양각색의 인물이 밀치락달치락하며 소리를 낸다. 어떤 이는 스스로 잘났다고 생각하여 득의양양한 반면, 어떤 이는 패가망신하여 의기소침하기도 하다. 그러나 모든 것은 다 지나갈 터, 일체의 변화 뒤에 남는 것은 다시금 깊은 고요함이다.

소음 속에서 우리는 '조용함'이라는 말을 수시로 입에 올린다. 때때로 '조용함'은 단순히 물리학적인 상태를 의미하기도 한다. 소리가 낮을수록 더욱 조용하다는 뜻이다. '조용함'이 사람들에게 상당히 쓸쓸하거나 단조롭다는 느낌이 들게 할지도 모르지만 사람의 감정과 커다란 관계가 있는 것은 아니다.

다른 의미의 '조용함'은 '고요'라는 말로 바꿔 쓸 수 있다. 이때의 '조용함'은 앞에서 말한 물리학적인 의미보다 훨씬 정서적이고 감정적인 의미를 함축한다. 덧없이 소란스러운 상태를 벗어나 생명의 근원과 세상의 본질로 향하는 정서인 것이다. 이러한 고요는 자연에서 비롯되고 마음에서 비롯된다. 그 고요의 상태 속에서 사람과 자연은 비로소 하나로 이어진다.

인간의 영혼을 고요한 숲으로 인도하는 왕적의 시

중국 남조시대의 왕적王籍. ?~547은 소리와 관련하여 매우 새로운 시도를 선보인 시인이다. 왕적은 자가 문해文海이고 남조 제나라와 양나라 두 대에 걸쳐 관직을 지냈다. 그는 남북조시대 송나라 시인 사영운謝靈運, 385~433에게서 시가詩歌를 배웠는데, 그의 명성은 스승 사영운에 미치지 못하였고 남긴 시가 역시 많지 않다. 하지만 〈입약야계入若耶溪〉라는 이 한 편의 시는 남다른 유명세를 떨쳤다.

배는 어찌 물 위에 둥둥 떠 있고

하늘과 물은 끝없이 넓기만 한가.

구름과 놀은 멀리 산봉우리에 생기고

햇빛은 소용돌이를 따라가는구나.

매미 울어대니 숲은 더욱 고요하고

새 지저귀니 산은 더욱 그윽하네.

이 땅에 와 이런 산수를 보니 집에 돌아갈 마음 생기고

길 떠난 지 오랜지라 나그네 생활도 싫증이 나는구나.

艅艎何汎汎	여황하범범
空水共悠悠	공수공유유
陰霞生遠岫	음하생원수
陽景逐回流	양경축회류
蟬噪林逾靜	선조임유정
鳥鳴山更幽	조명산갱유
此地動歸念	차지동귀념
長年悲倦遊	장년비권유

약야계若耶溪는 지금의 중국 저장성 사오싱시 동남쪽에 있는 계곡이다. 약야산에서 발원하여 줄기를 따라 수많은 계곡물이 모인 뒤 감호鑒湖로 흘러들어간다. '입약야계'는 성 안에서부터 감호를 지나 계곡으로 가는 과정을 그대로 표현한 것이다.

왕적이 살았던 당시에는 감호와 약야계를 서로 잇는 수역이 매우 넓었고 양쪽 기슭에는 수목이 울창하게 뻗어 있어 그야말로 다시없는 절경이었다.

또한 이 시에 등장하는 '여황舸艎'은 아주 큰 배이고 '범범汎汎'은 자유롭게 떠 있는 모습을 의미한다. 당시 왕적은 황급히 길을 가던 중이 아니라 유유자적 유람을 즐기고 있던 터였다. 당연히 그 마음이 얼마나 느긋했을까. 게다가 날씨도 화창했다. 따라서 시인은 눈앞에 펼쳐진 더없이 청명하고 맑게 갠 정경을 만끽할 수 있었을 것이다.

그런가 하면 '하늘과 물은 끝없이 넓기만 한가'란 하늘과 물의 색이 더불어 푸른빛을 띠어 서로의 빛깔을 비추면서 넓고도 고요한 상태임을 말해준다. '유유悠悠'라는 두 글자 역시 고요하고 맑은 시인의 심경을 드러내고 있다. 저 먼 곳에 있는 산봉우리에는 꽃구름이 엷게 감돌고 눈앞을 비추는 햇빛은 물결의 파동과 함께 찬란히 반짝이고 있다. 그야말로 생동하는 자연은 더없이 아름다운 음률을 선사하고 있다.

고요를 통해 문득 깨달은 분주한 삶

한껏 고요를 만끽하던 중 시인은 매미 우는 소리며 새 지저귀는 소리를 듣게 된다. 이런 소리들은 시인에게 소음이 아니라 숲이 전해주는 그윽함을 느끼게 해주는 소리였다. 좀 더 정확히 말하자면 인간의 영혼을 숲의 정취 속으로 인도해 자연 본연의 아름다운 음률 속으로 녹아들게 하는 것이다. 자연의 정취를 느끼면서 왕적은 불현듯 깨달았다. 자신이 너무 오랫동안 속세에서 관직을 위해 분주히 뛰어다녔음을. 그로 인해 몸과 마음이 얼마나 피폐해졌는지 비로소 느낄 수 있었다.

'매미 울어대니 숲은 더욱 고요하고, 새 지저귀니 산은 더욱 그윽하네'는 중국의 시 역사에서 끊임없이 회자되는 유명한 문구다. 당나라의 요사렴姚思廉, ?~637이 지은 역사서인 《양서梁書》〈왕적전王籍傳〉에는 이 구절을 두고 '당시 사람들이 문외독절文外獨絶이라고 생각했었다'라고 언급되어 있다. 문외독절이 무슨 뜻일까? 풀이하면 문자 이외에 다른 의미가 함축되어 있는데 평범한 사람들은 그 기묘한 의미를 감히 알아보지 못한다는 뜻이다. 물론 후대에는 그와 유사한 서법書法이 꽤 등장했다. 하지만 왕적이 살았던 시대에 이토록 운치 있는 문체는 그가 처음 선보였다. 이 시구로 인해 왕적은 오래도록 기억되는 시인이 되었다.

대부분의 사람들은 이 시구의 장점으로 '동動으로 정靜을 묘사'한 점을 꼽는다. 비교적 단순하게 고요함을 표현했는데 그것이 오히려 더욱 생동감을 부여했다는 것이다. 중국의 작가이자 학자인 첸중수錢鍾書, 1910~1998는 《관추편管錐編》에서 '고요로 인한 깊이는 늘 소리를 포용하여 그 깊이가 더욱 돋보이고 그럴수록 더욱 깊은 깨달음을 준다'라고 했다. 물론 맞는 말이다.

하지만 좀 더 생각해볼 필요가 있다. 이 시에 등장하는 '고요'는 물리적 의미의 고요가 아닌 자연의 생명력이 체현해내는 고요다. 사람들 마음속에 있는 소란스러운 요소를 제거한 뒤에야 비로소 경험할 수 있는, 눈부시도록 찬란하게 빛나는 평안과 고요인 것이다. 시끄러운 매미 소리와 새의 울음소리는 곧 고요를 환기시키는 매개물이다. 그 소리가 지나간 뒤 이내 우리는 깊은 고요를 느끼게 된다.

당나라 시대에 들어서면서 불교는 드디어 중국에서 르네상스를 구가하게 되었고 선종 역시 더욱 성숙과 번창의 길로 접어들었다. 이때 참선에 정진해 불가에 이르는 동시에 뛰어난 시가 창작 능력도 갖춘 시인 왕유가 등장하였다. 왕유는 시불詩佛이라는 찬사를 받으면서 많은 존경을 받았다.

왕유와 불교, 그리고 선학(禪學, 선종의 교의─옮긴이)의 관계는 아주 특별하다. 왕유의 이름은 유維이고 자는 마힐摩詰이다. 즉 이름과 자가 서로 더해져 '유마힐'이 된다. 불교 창건 단계에 활동했던 위대한 거사의 이름인 유마힐維摩詰을 그대로 차용한 것이다. 왕유는 중국의 선종 역사에 지대한 영향을 미친 핵심적 인물로, 시와 선의 관계를 논할 때 그 누구와도 견줄 수 없는 특별한 존재다.

왕적이 〈입약야계〉로 자연의 고요를 통한 선의 정취를 최초로 표현했다면 왕유는 더없이 아름답고도 심오한 경지에 이르렀다고 할 수 있는 시적 표현을 선보였다.

왕유의 작품 〈녹채鹿柴〉를 같이 살펴보자.

텅 빈 산 사람은 보이지 않는데
어디선가 들려오는 도란도란 사람 소리.
석양빛이 숲 속 깊숙이 들어와
다시금 푸른 이끼 위에 비치네.

空山不見人   공산불견인
但聞人語響   단문인어향
返景入深林   반영입심림
復照靑苔上   부조청태상

사람의 마음을
있음에서 없음으로 안내하는 왕유의 시

왕유는 지금의 산시성 시안 교외에 망천장 輞川莊이라는 별장을 마
련했는데, 녹채는 바로 그곳에 있는 사슴을 키우는 울타리를 뜻한다.
녹채라는 이름에 걸맞게 그곳은 언제나 야생 사슴의 흔적이 남아있는
외지고 고요한 장소였다.

이 시에는 현장의 사물이나 경치가 제대로 묘사되어 있지도 않고
그곳을 구경하고 있는 사람의 발자취도 없다. 그저 소리와 빛이라는
두 가지의 변화만 있을 뿐이다. 그런데도 왕유는 깊고 그윽한 '텅 빈
산'의 정적을 그리듯 묘사하면서 깊은 의미를 함축해 놓았다.

고요를 만끽하던 중 시인은 매미 우는 소리며 새 지저귀는 소리를 듣게 된다.
이런 소리들은 시인을 숲의 정취로 인도해 자연 본연의
아름다운 음률 속으로 녹아들게 한다.
자연의 정취를 느끼면서 시인은 불현듯 깨달았다.
자신이 너무 오랫동안 속세에서 관직을 위해 분주히 뛰어다녔음을.

이 세상이 근본적으로 '끊임없이 변화'하고 있다면 바닷속의 돌도 끊임없이 깎이고 깎여 닳아 해질 것이다. 하지만 변화의 순간순간이 관찰자에 의해 관찰되지는 않는다. 그저 지식과 추론에 의해서 짐작될 뿐이다. 그런데 소리와 빛은 다르다. 끊임없는 일상의 변화 가운데에서도 그 무상함이 관찰되고 있다. 가장 일상적이고 평범한 소리와 빛이기에 사람들은 변화를 느끼기 위해 굳이 의식을 집중할 필요가 없다.

왕유는 이 시에서 특별한 방식을 사용하여 그런 소리와 빛을 부각시켰다. 여기에 묘사된 소리는 보이지는 않지만 들을 수는 있는 것으로 비현실적이고 아득한, 있는 듯도 하고 없는 듯도 한, 정확히 잡히지 않는 어느 곳에 부유하는 듯하다. 빛은 해질 무렵 숲을 통과해 어두컴컴한 곳에 은거해 있는 푸른 이끼 위를 비추는 햇빛으로 역시 비현실적이고 아득한, 있는 듯도 하고 없는 듯도 한 것이다. 한편 사람들은 허공에서 전해져 오는 소리를 집중해서 듣다가 소리를 확인하고 잡으려 한다. 금세 사라지고 마는데도 말이다. 또 여기저기 비추는 빛을 응시하다가 빛을 느끼려 하고 알려고 한다. 하지만 빛도 사라지고 이내 어두워지고 만다. 그렇게 소리와 빛은 '있음'과 '없음'의 경계에 존재한다. 그러면서 사람의 마음을 '있음'에서 '없음'으로 인도한다. 그 순간 사람들은 아마도 세상의 진실과 허구에 대해 생명력 넘치는 체험을 하고 깊은 깨달음을 느끼게 될지도 모른다.

불교 교리에 이런 구절이 있다. '五蘊皆空 六塵非有오온개공 육진비유', 즉 몸과 마음이 텅 비어 있으면, 중생의 마음을 더럽히는 여섯 가지 색色,

성聲, 향香, 미味, 촉觸, 법法은 존재하지 않게 된다. 이 구절의 깊은 뜻을 안다면 바로 이 순간 군이 의도치 않더라도 저절로 이 시에서 묘사하는 소리와 빛의 존재를 깨닫게 될 것이다.

왕유의 시는 감성을 자극하여 메시지를 주고 감동을 준 뒤 의미 깊은 그 순간에 머물게 한다. 결국 선의 본질은 깨달음이지 말에 의존한 이치를 머리로 이해하는 게 아니다.

시끄러운 세상에서 만나는 고요의 소중함

비슷한 예를 일본에서 찾아보자. 선종 사상은 남송시대에 일본으로 전파되어 일본의 사상문화에 엄청난 영향을 미쳤다. 일본의 종교 사상가 스즈키 다이세쓰는 《선과 일본문화》에서 '선은 사람들의 문화생활 전반에 깊숙이 파고들어가 있다'고 했다. 선이 일본의 시가에도 영향을 끼쳤음은 물론이다.

일본에는 형식이 아주 간결하면서 독특한 특색을 갖춘 단시短詩 '하이쿠俳句'가 있다. 3행 17음절로 이루어진 하이쿠는 각 행이 5, 7, 5음절로 구성된다. 대부분의 일본어 단어가 다음절이기 때문에 아마도 시적 특색을 살리기 위해 하이쿠 한 수에 실제로 사용되는 단어 수는 최대한 간소화했을 것으로 보인다.

마쓰오 바쇼松尾芭蕉, 1644~1694는 일본 하이쿠 시사에서 가장 유명한 시인으로 '하이쿠의 명인'이라 불린다. 서른일곱 살에 모든 생활을 접고 오두막에 은거했다가 마흔한 살부터 여행을 시작해 쉰한 살에 객사했다. 마쓰오 바쇼의 하이쿠 중 가장 널리 알려진 작품이 바로 〈오래된 연못古池〉이다.

오래된 연못이여
개구리 뛰어드네.
풍덩

단시는 사실 번역이 매우 어렵다. 단순히 의미로만 번역하자면 아래와 같다.

개구리 오래된 연못에 뛰어드니 물소리 들려오네.

이 시 속의 세상은 오랫동안 현재를 거듭하고 있는 듯하다. 그런 세상은 깊이를 가늠할 수 없을 정도로 고요하면서도 무한한 생동감으로 벅차오른다. 그러나 우리가 사는 세상을 구체적으로 들여다보면 이 세상은 아이러니로 가득차서 제대로 파악하기가 힘들다. 따라서 이 아이러니가 사라져야 비로소 세상을 제대로 이해할 수 있는 경지에 다다르게 된다. 마쓰오 바쇼는 17음절만 사용한 이 시로 선종의 정신을 제대로 표현했다. 그러니 이 시가 일본에서 모르는 사람이 없을 정도로 엄청난 대중성을 지니고 있는 것은 당연하다.

개구리는 하이쿠에서 전통적으로 계절을 명확하게 알려주는 소재다. 개구리는 이 시에서 봄이라는 계절의 정취를 일깨워주고 있다. 봄은 동면에 들어갔던 개구리가 깨어나 자연에 뛰어들어 활기가 넘치는 때다. 그런데 오래된 연못은 아득하고도 고요한 '과거'의 응집체다. 개구리가 연못에 뛰어드는 그 순간 과거는 생기를 얻고 순간과 영원이 동시에 모습을 드러낸다. 또 다른 각도에서 보면 오래된 연못은 원래 고요했다. 개구리가 오래된 연못에 뛰어들자 물소리가 전해지면서 고요함이 깨졌다. 더불어 고요는 물소리의 힘을 빌려 생동감을 얻었다. 바로 여기에서 '있음'과 '없음'이 하나가 된다.

〈오래된 연못〉과 관련하여 다음과 같은 일화가 전해진다. 마쓰오 바쇼가 이 하이쿠를 짓기 전 한 스님이 그를 찾아왔다고 한다.

스님이 물었다.

"요즘 어떻게 지내시는지요?"

바쇼가 대답했다.

"비가 오고 나니 이끼가 촉촉해졌습니다."

스님이 다시 물었다.

"이끼가 존재하기 전의 불법은 어떠하였습니까?

바쇼의 대답이 이어졌다.

"청개구리가 물에 뛰어드는 소리였겠지요."

아마도 바쇼의 이 하이쿠는 일상적으로 쉽게 볼 수 있는 모습을 사용해 절대적이고 영원한 '불법'을 전달하려 한 듯하다.

세상은 나타났다 사라지는 소리의 천국이다. 간혹 그 와중에 의미 깊은 고요의 세계를 만나게 될지도 모르겠다. 어쩌면 이 책을 마저 다 읽고 나면 고요로 들어가는 길을 발견할 수 있을 것이다.

깨달음에
이르는 길

2500여 년 전 공자孔子, BC 551~BC 479는 제자들을 이끌고 중원을 분주히 오가며 자신이 옳다고 믿었던 이상적 세상을 설파했다. 당시 서쪽의 인도에서는 공자보다 10여 세 연상의 석가모니釋迦牟尼, BC 563년경~BC 483년경가 제자들과 함께 수행하며 불교 창시를 위한 분주한 나날을 보내고 있었다.

그때 공자의 관심은 현세에 있었다. 그는 합리적인 정치질서, 높고 기품 있는 도덕수양에 관심을 기울였다. 반면 석가모니는 고통스러운 현세에서 벗어나 해탈에 이르는 방법을 고민했다. 황하 기슭에서 그리고 갠지스 강가에서 서로의 존재를 알지 못했던 두 현인은 자신만의 방식으로 인류를 구할 정신적 이상을 세우고자 했다. 그 지혜의 빛으로 동서고금을 밝게 비추고자 했다.

석가모니의 출가와 깨달음

석가모니의 본명은 고타마 싯다르타이다. 그는 네팔 남부 지역에 위치한 룸비니에서 고대 인도 석가족의 왕자로 태어났다. 누구보다 풍요롭고 편안한 삶을 살던 그가 왕궁 밖에서 목격한 것은 지팡이에 의지해 비틀거리며 걷는 백발의 노인, 길가에서 신음하는 병자, 장례 행렬, 수행자 등이었다. 삶과 죽음, 병마로 인한 고통으로 몸부림치는 인간들이 끝도 없는 욕심에 의지할 곳을 찾지 못하고 절망하는 모습을 보고 석가모니는 깊은 생각에 잠겼다.

'과연 생명에 어떤 의미가 있는 것일까?', '의미가 있다면 삶의 마지막 순간 어떻게 유종의 미를 거둘 수 있을까?' 이런 물음을 간직한 채 석가모니는 세상 사람들을 위해 고통에서 벗어나는 길을 찾고자 스물아홉의 나이에 출가수행을 결행했다.

고대 인도는 종교적 분위기가 매우 강했고 여러 종교 유파가 있었다. 그 가운데 중요한 종파가 '바라문'과 '사문'이었다. 석가모니는 두 유파의 훌륭한 스승들을 두루 만나 가르침을 받았고 하루에 깨 한 톨 보리 한 알만 먹으며 수행에 정진했다. 당시 종교 유파는 저마다의 명상법이 있었다. 산스크리트어에서 유래된 '요가'라고 불리던 이 명상법은 '조화'와 '함께'의 뜻을 내포하고 있으며 생각을 고양시키고 잠재력을 깨닫게 한다. 그중 분리되어 나온 하나를 '선禪, 산스크리트어로 명상을 뜻하는 디아나dhyāna'이라 불렀는데 본래의 뜻은 '사유수'(思維修, 생각을 한곳에 집중시켜 정신을 통일함-옮긴이)와 '정려'(靜慮, 마음을 가다듬어 고요히 생각함-옮긴이)다. 석가모니도 삼매경에 이르는 보다 높은 수준의 참선수행을 수년간 계속했다.

하지만 서른다섯 살이 되던 해에 석가모니는 기존 유파의 방법으로는 해탈에 이를 수 없다는 것을 깨닫고 홀로 보드가야Bodhgaya, 지금의 인도 북동부 비하르 주로 가 무화과나무 아래에 자리 잡고 깊은 사색에 잠겼다. '가장 높고 바른 깨달음을 얻지 못한다면 영원히 일어서지 않으리라!'

석가모니가 어떤 방법으로 깊은 명상에 빠져들었으며 무엇을 생각했는지 후대는 알 길이 없다. 기록에 의하면 이렇다. '그는 나무 아래에서 밤낮을 정좌 수행하다가 일곱째 날 밤에 자리에서 일어났다. 동틀 무렵 샛별을 바라보다가 우주와 인생의 참뜻을 문득 깨닫게 되었다. 가장 높고 바른 깨달음을 얻음으로써 비로소 부처가 되었다.' 무화과나무의 원래 이름은 보리수고무나무로 후에 보리수로 불리게 되었다. '보리'는 산스크리트어로 보디Bodhi이며 지혜, 깨달음이라는 의미가 있다.

불교가 세상에 전해지면서 석가모니는 끊임없이 신격화되었다. 절에 가면 대웅보전 정중앙에 있는 석가모니의 조각상을 마주하게 된다. 금을 입힌 그 모습은 기품 있고 신성해 보인다. 절벽에 조각된 부처의 모습은 더욱 웅장해 보인다. 그렇게 부처의 숭고함과 위대함이 구현돼 부처에 대한 경외감이 생겨났다. 그래서 그에게는 수많은 존칭이 생겼다. 가장 많이 사용되는 존칭은 '부처'로 진리를 깨달은 사람이라는 뜻이다. '여래'는 언제 어디서나 존재하는 절대적 진리를 의미한다. 여래는 산스크리트어로 '따타가따Tathagata'이다. 글자 자체의 뜻은 '그렇게 도달한'이다. 하지만 의미가 너무 형이상학적이다. '여래'의 기본적 해석은 불성을 가리키는 말로 언제 어디서나 존재하는 영원 불변의 진리를 뜻한다. '석가모니'는 석가족의 현인이라는 뜻이다.

스님들의 수행법, 선종

하지만 역사적 사실로 볼 때 석가모니는 그저 보통의 사람일 뿐이고 진리를 추구하고 불교를 창시한 사상가일 뿐이다. 석가모니가 보리수 아래에서 7일 밤낮을 정좌한 행위는 불교 역사상 가장 위대한 참선의 실천이었다. 그러나 요가는 점차 호흡을 가다듬고 마음을 가라앉히는 것을 기본으로 하는 신체 단련법으로 변화되었다. 거기에는 어떤 신비한 분위기가 어려 있기는 하지만 종교적 의미는 점차 희미해져가고 있다. 요가에서 분리되어 나온 선 혹은 '선정禪定'은 불교에 계승되어 스님들이 수행하는 방법이 되었다. 이것이 바로 선의 첫 번째 의의다. 넓은 의미에서 '선'은 불교와 관련된 여러 가지 사물을 지칭하는 데 사용되기도 한다. 절이 '선림禪林'이라 불리고 승복이 '선의禪衣'로 불리는 것처럼 말이다.

상대적으로 좁은 의미로 사용되는 '선'은 불교의 한 분파인 '선종'을 의미한다. 불교에 따르면 선종 역시 석가모니에서 비롯되었다고 한다.

그렇다면 선종의 기원과 관련되어 전해 내려오는 '염화미소拈華微笑'라는 매우 아름다운 고사를 살펴볼 필요가 있다.

이 고사는 《대범천왕문불결의경大梵天王問佛決疑經》에 최초로 기록되었다. 석가모니가 입적하기 전 영취산靈鷲山에서 군중들을 모아놓고 마지막 설법을 했다. 사바세계를 다스리는 왕인 대범천왕大梵天王이 석가모니에게 금빛 연꽃 한 송이를 바치면서 청했다.

"아직 말하지 않은 최상의 법이 있다면 대중들과 장래의 수행자들에게 말씀해 주시지요."

연꽃을 받아든 석가모니는 대중을 향해 연꽃 한 송이를 들어 보일 뿐 아무 말도 하지 않았다. 사람들은 석가모니의 뜻을 알지 못하여 그저 묵묵히 있을 뿐이었다. 그때 석가모니의 대제자 마하 가섭이 유일하게 미소를 지었다. 그러자 석가모니가 입을 열었다.

"나에게는 정법안장正法眼藏 : 사람이 원래 갖추고 있는 마음의 덕 열반묘심涅槃妙心 : 번뇌를 벗어나 진리에 도달한 마음 미묘법문微妙法門 : 진리를 깨닫는 마음 불립문자不立文字 : 진정한 깊은 진리는 말이나 글을 써서 전할 수 없다는 말 교외별전敎外別傳 : 말이나 문자를 쓰지 않고, 따로 마음에서 마음으로 진리를 전하는 일이 있으니 이를 마하 가섭에게 부촉咐囑한다."

정법안장은 우주를 비롯해 만물을 포함한 불법 전체를 살피는 것이고 열반묘심은 도리에 어긋나는 모든 사상을 떨쳐버린 깨달음의 마음을 뜻한다. 간단히 말해 이 두 문구는 불법의 정수를 가리키는 것이기에 '최상의 법'이다. '최상의 법'은 진실하나 어떤 흔적도 없고 매우 불가사의하다. 그래서 언어나 문자로 설명할 수 없고 서로의 생각과 감정이 완전히 일치한 상태에서만 전달된다. 당시 마하 가섭만이 석가모니가 무언중에 드러내고자 한 법을 깨달았기에 석가모니가 다음과 같은 말을 했던 것이다.

"나는 이를 마하 가섭에게 부촉한다."

소위 '교외별전敎外別傳', 즉 마음에서 마음으로 전해진다는 것은 불교의 여러 종파 중 선종에서만 찾아볼 수 있는 독특한 체계다. 선종의 해석에 따르면 대부분의 종파는 경전에 의해 교의를 전수하고 그것을 곧 '가르침'이라고 한다. 하지만 선종은 경전에 의존하지 않고 '문자에 얽매이지 않는다'하여 '깨달음'이라고 한다.

흔히 볼 수 있는 석가모니 불상은 평온하고 고요하며 넉넉한 자태를 지니고 있다. 만약 석가모니가 연꽃 한 송이를 손에 들고 사람들을 마주한다면 더없이 훌륭하지 않았을까? 심지어는 여성적인 부드러움도 더해졌을 것이다. 한편 가섭도 경건하고 자신감 넘치는 미소를 지었을 것이다. 그는 맑고 순수한 마음을 그대로 석가모니에게 전했을 것이다. 꽃을 든 석가모니와 미소를 짓는 가섭, 두 존재의 마음이 서로 통해 '최상의 법'의 선포와 전승의 과정이 완성된 것이다.

선종은 가섭을 시조로 세웠고 가섭은 선종의 창시자가 되었다. 그런데 '염화미소' 이야기에는 몇 가지 의문점이 있다. '염화미소'의 고사를 초기 불교 경전에서는 찾아볼 수 없다는 것이다. 그런가 하면 '염화미소' 이야기가 실린 《대범천왕문불결의경》이 당나라 후기에 비로소

'교외별전敎外別傳', 즉 마음에서 마음으로
전해진다는 것은 불교의 여러 종파 중 선종에서만 찾아볼 수 있는
독특한 체계다. 선종의 해석에 따르면 대부분의 종파는 경전에 의해 교의를
전수하고 그것을 곧 '가르침'이라고 한다. 하지만 선종은 경전에 의존하지
않고 '문자에 얽매이지 않는다'하여 '깨달음'이라고 한다.

중국에 등장했기 때문에 '혹시 이 책이 위조된 불경이 아닐까' 하고 의심하는 사람들이 적지 않다. 가장 설득력 있는 가설은 '염화미소'가 사실은 선종이 점차 대중에 널리 퍼진 이후 만들어진 이야기라는 설이다. 선종이 석가모니로부터 시작되었다는 일종의 문학적 뿌리 찾기인 것이다. 그렇다면 선종은 언어를 무시하고 '깊은 깨달음'의 정신을 숭상해 불교 본연의 사상전통에서는 근거를 찾아 수 없는 것은 아닐까? 그럴 수도 있다.

말이란 마음의 뜻에서 비롯되니
그 뜻을 알았거든 말을 잊으라

초기 불교에 유마힐이라는 이름 높은 수행자가 있었다. 유마힐은 출가하지 않은 거사였지만 부처의 가르침을 그 누구보다 깊이 깨달아 많은 이로부터 존경을 받았다. 《유마경維摩經》에는 수많은 보살과 나한이 유마힐을 찾아가 '불이법문不二法門'에 대해 토론을 벌인 적이 있다고 나와 있다. '불이법문'이란 분별과 대립, 차별을 떠난 참다운 불법의 세계로 들어가는 데 지침이 되는 가르침을 말한다.

그중 유마힐이 아프다는 소식을 듣고 문수보살이 병문안을 가서 나눈 이야기가 가장 유명하다. 문수보살이 유마힐에게 병의 원인과 그 차도에 대해 물으니, 이에 대해 유마힐은 "문수보살이시여! 이 세상에 어리석음이 남아있는 한 그리고 존재에 대한 집착이 남아있는 한 제

아픔은 계속될 것입니다. 모든 중생들의 아픔이 남아있는 한 제 아픔도 남아있을 것입니다. 혹 모든 사람들이 병고에서 벗어나게 되면 그 때 비로소 제 병도 씻은 듯 낫게 될 것입니다."라고 했다.

유마힐이 수많은 보살들에게 불이법문을 요청하자, 31명의 보살들이 저마다 불이법문에 들어가는 견해를 밝혔다. 차례대로 말하고 나서 보살들이 문수보살에게 불이법문에 드는 방법을 묻자 문수보살은 "내 말의 뜻은 묻고 답하고 말하는 것으로부터 멀리 떠나는 것이 불이법문으로 들어가는 길이라는 것입니다"라고 말하며 다시 유마힐에게 '보살이 불이법문에 들어가는' 길을 알려달라고 가르침을 청했다. 이에 유마힐은 침묵으로 답을 했다. 그 의미는 곧 불이법문은 '할 말도 없고 묻는다고 답을 줄 수 있는 것도 아니니 내가 무슨 말을 할 수 있겠느냐'는 뜻이다. 이 문답의 과정보다는 차라리 '염화미소'라는 고사가 훨씬 시적 정취를 강하게 풍기지만 기본적인 정신은 두 이야기가 동일하다.

상술한 《유마경》 기록에 의해 초기 불교에서도 선종의 어떤 특징이 있었음을 알 수 있다. 하지만 주류의 입장에서 본다면 인도 불교는 경전의 역할을 강조하고 경전에 의존해 전파된 게 사실이다. 한편 선종은 중국화가 된 불교로서 완벽하게 인도 불교에서 태어났다고 볼 수가 없다. 선종은 중국 고유의 사상전통, 특히 노장사상에서 또 다른 중요한 근거를 찾을 수 있다. 일본의 저명한 선학자 스즈키 다이세쓰는 현재 우리가 알고 있는 선은 인도에서는 없었다고 말한다. 그는 중국인이 지니고 있는 실천 정신이 강한 상상력이 선을 창조했고 선으로 인해 중국인들은 종교적으로 최상의 만족감을 얻게 되었다고도 했다. 중국의 미학자이자 철학자인 쭝바이화宗白華, 1897~1987는 "선이란 중국인이 대승불교의 사상을 받아들인 뒤 자신의 내면을 인식하면서 중국인만의 철학과 예술의 경지를 눈부시게 구현해낸 것이다"라고 했다.

한편 노장사상에는 실체적 성격을 띤 개념이 있다. '도道'가 바로 그것이다. 도는 모든 것에 앞서며 만물을 생장시키는 우주의 근원이자 만물을 운영하는 내재적 법칙이다. 누구나 '도'를 말할 수 있지만 일단 입 밖으로 내뱉고 나면 그것은 더 이상 '도'가 아니게 된다. 도는 영원하고 무한한 것이기에 언어로 설명하는 데 한계가 있다. 낮은 차원의 단어로 높은 차원의 어떤 것에 대해 정의하기 힘들다는 것이다.

《노자》 첫머리에 '道可道, 非常道도가도 비상도'라는 문구가 있다. '도라고 부를 수 있는 도는 참된 도가 아니다'라는 뜻으로 위에서 말한 의미를 담고 있다. 한편 《장자》에는 깊은 명상을 통해 마음이 스스로 증명할 수 있는 경지에 이를 수 있으며 깊은 명상이야말로 최고의 진리에 도달하는 방법이라고 여러 부분에 묘사해놓았다. 또한 사람들은 언어의 한계에 대해 긴장을 늦추지 말라는 경고를 곳곳에 해두었다. '통발'을 사용하는 목적이 물고기를 잡기 위한 것처럼 언어를 사용하는 이유는 단지 생각을 표현하기 위해서라고 강조한다. '得魚而忘筌, 得意而忘言득어이망전, 득의이망언', 즉 통발은 물고기를 잡기 위한 것이니 물고기를 잡고 나면 통발을 잊어버리고, 말이란 마음의 뜻에서 비롯되니 그 뜻을 알았거든 말을 잊으라는 것이다. 이러한 이치를 알아야 최고의 경지에 도달하고 이내 고요해질 수 있다.

말을 잊으면 인생의 참뜻을 깨달을 수 있다

'염화미소'라는 고사를 바탕으로 쓴 도연명의 시 〈음주〉飮酒가 있다. 도연명은 불교 신도는 아니지만 이 시는 불교의 교리와 통하는 면이 있다.

초가 지어 마을에 살고 있어도
수레의 시끄러운 소리 들리지 않는구나.
그대에게 묻노니 어찌하여 그럴 수 있는가.
마음이 속세에서 멀어지면 땅도 절로 외지게 된다오.
국화를 동쪽 울타리에서 꺾어 들고
유유히 먼 남쪽 산을 멍하니 바라본다.
산 기운은 저녁때가 한껏 아름답고
나는 새는 줄지어 돌아간다.
이런 속에 참다운 진리가 있으매
말로써 표현하려 해도 이미 할 말 잊었노라.

結廬在人境	결려재인경
而無車馬喧	이무거마훤
問君何能爾	문군하능이
心遠地自偏	심원지자편
采菊東籬下	채국동리하
悠然見南山	유연견남산
山氣日夕佳	산기일석가
飛鳥相與還	비조상여환
此中有眞意	차중유진의
欲辯已忘言	욕변이망언

사람의 마음이 속세와 멀어지면 자연과 더욱 가까워지는 법이다. 이때 아름다운 산속의 운무와 자유롭게 나는 새를 멀리서 바라보면 인생의 참뜻을 깨달을 수 있다. 이런 것들을 적절히 설명할 언어를 찾기란 결코 쉽지 않다. 다시 말해 '진실한 의미'를 깨닫는 것은 '말을 잊는' 상태에서만 가능하다.

'국화를 동쪽 울타리에서 꺾어 들고'는 도연명이 손에 꽃을 들고 있는 상태를 말한다. 인생의 진리를 깨달은 순간 도연명의 얼굴에는 아마도 미소가 어렸을 것이다. 가섭이 석가모니에게서 '최상의 법'을 깨달았다면 도연명은 남산, 즉 여산(廬山, 장시江西성에 있는 피서지로 유명한 산―옮긴이)을 마주했을 뿐이다. 자연 속에 어떻게 진의가 담겨 있는 것일까?

큰 도는 아무런 생각 없이 마음이 가라앉은 고요한 상태이기 때문에 도의 위력은 자연 속에서 발현되게 마련이다. 인간과 자연이 하나가 된다는 것은 개체의 생명이 영원한 큰 도로 회귀함을 의미한다. 그러니 '도' 역시 '최상의 법'인 것이다.

여기에서 자칫 간과하고 넘어갈 수 있는 것이 바로 '꽃'이다. 석가모니의 손에 있는 연꽃과 도연명의 손에 있는 국화꽃 말이다. 꽃은 있어도 되고 없어도 되는 소품일 뿐일까? 그렇지 않다. 꽃은 비록 미미하지만 인간 세상의 아름다움을 드러내는 존재이기 때문이다. '최상의 법'을 추구하고 큰 도로 회귀한다는 것은 현세의 아름다움을 버리는 게 아니라 그 아름다움이 지닌 정취와 공존하는 것이다. 그래서 '염화미소'라는 고사가 사람들의 주목을 받는 것이다. 또한 이 고사가 가장 평범하면서 일상적인 이유는 삶이 가져야 할 태도를 상징했기 때문이다. 평안하고 고요하면서도 기꺼운 마음으로 세상 만물을 대하고 미소로 중생을 대하면 자연히 초탈의 경지에 이르는 것이다.

불교와 노장사상의 결합이 결국 선종사상을 만들었다. 선의 깨달음은 언어적 해석과 논리적 분석을 벗어나 각자의 경험과 실천을 통해 진리를 깨닫는 것이다. 그리고 인생을 좀 더 아름다운 과정으로 내딛게 하는 것이다.

뒷걸음질이 본디
앞으로 나아가는 것이었네

왕유의 〈종남별업終南別業〉은 한 편의 유람시로 이 시가 함축하고 있는 철학은 일상적인 삶의 모습으로 표현되어 자연스러움을 자아낸다. 게다가 이 시는 선종 사상의 매우 중요한 특징을 반영했다. 선은 종교도 아니고 철학도 아닌 생활의 방식이자 삶의 태도라는 점이다.

그럼 왕유의 오언율시를 살펴보자.

중년이 되니 도를 무척 좋아하게 되어

늘그막에 종남산 기슭에 집을 지었네.

흥이 나면 늘 홀로 거닐며

그 즐거움 나만이 안다네.

걸어서 물 다하는 곳에 이르면

앉아 구름 이는 것 보고
우연히 숲 속에서 노인을 만나면
돌아갈 때를 잊고 담소를 나누네.

中歲頗好道	중세파호도
晚家南山陲	만가남산수
興來每獨往	흥래매독왕
勝事空自知	승사공자지
行到水窮處	행도수궁처
坐看雲起時	좌간운기시
偶然值林叟	우연치림수
談笑無還期	담소무환기

　왕유의 시에는 선 사상을 풍기는 작품이 꽤 있다. 앞에서 살펴본
〈녹채〉, 〈신이오〉 두 시는 경치를 묘사할 때 의도적으로 철학적 상징에
의존한 경향이 있다. 그런데 지금부터 살펴볼 〈종남별업〉은 조금 다르
다. 이 시에서 그는 자신이 은거하고 있는 장소를 등장시킨다. 시 서두
의 두 구에서는 자신의 인생미학과 생활방식을 개괄한다. 그는 중년
부터 불교 철학여기에서 '도道'는 불교의 도리를 말함에 심취했고 말년에는 종남
산 아래에서 은거 생활을 했다. 관직 생활과 은거 생활을 절반씩 한 셈
이다. 말년에 상서우승尙書右丞이라는 관직에 올랐지만 정무에는 별로

참여하지 않았다. 정치적 이력 때문이다. 안사의 난安史之亂 와중에 반란군이 장안(長安, 지금의 산시성 시안–옮긴이)을 점령하자 왕유는 유명무실한 '거짓 관직'을 수락할 수밖에 없었다. 안사의 난이 평정되고 당나라 군대가 장안을 수복한 뒤 왕유는 그것에 대해 추궁을 받게 된다. 여러 가지 이유로 왕유는 심한 처벌은 면하게 됐지만 이 일로 쉽게 정적들에게 공격의 대상이 되었으며 정치에 대한 강력한 주장을 펴기 불리한 위치에 서게 되었다.

외부적인 요소뿐만 아니라 심리적 요인도 있었다. 벼슬길의 풍파를 겪은 뒤 속세의 허황함을 절감하면서 불교의 초월적 정신에 대해 깊은 깨달음을 갖게 된다. 왕유에게 산속 은거는 최고의 생활방식이 되고 말았다.

속세의 힘겨움에 의연하게 대처하기

은거 생활은 고독하지만 자유로웠다. 흥취가 일면 홀로 나가 기분 내키는 대로 거닐 수 있었다. 그러다 보면 아름다운 경치나 흥미로운 사물 등 '좋은 일'을 만나기도 했다. 물론 이런 '좋은 일'은 자신만 느낄 수 있는 것들이었다.

'공', 즉 텅 비어 있음은 본래 헛되다는 의미가 있다. 하지만 이 시에서 '공자지空自知'는 대책이 없거나 실망스러운 상태를 의미하지 않는다. 그 속에서 느끼는 즐거움에 대한 감탄은 속세에서 분주하게 생활하는 사람들과는 결코 공유할 수 없다. 사실 감탄을 공유할 만한 적합한 상대를 왕유는 꽤 밝히고 싶어 했다. 그의 글 〈산중여배수재적서山中與裴秀才迪書〉는 '산중에서 배적裴迪, 716~?에게 주는 글'이라는 산문으로 문학사에서 반드시 언급해야 할 명작이다. 그는 망천 겨울밤의 달빛을 이렇게 묘사했다.

'밤에 화자강 언덕에 오르니 망천의 물결은 달빛과 더불어 오르락내리락 일렁이고, 한기 어린 산 저 먼 곳의 불빛은 수풀 밖에서 깜박거린다. 깊은 골목의 초라한 개의 짖는 소리가 마치 표범 같고, 촌락의 봄밤에 산사의 드문드문한 종소리와 서로 엇섞여 들려오는구나.'

그런 다음 봄이 왔을 때의 풍경을 상상한다.

'봄을 기다리는데 풀과 나무가 무성히 자라 봄철의 산야가 보이는구나. 어린 살치가 물 위로 나오니 하얀 갈매기가 소란스레 날개를 퍼덕이고 이슬은 푸른 언덕을 촉촉이 적시고 보리밭 두둑에서는 아침에 장끼가 운다.'

그러고는 마지막으로 아주 유혹적인 초대를 한다.

'이곳이 멀지 않으니 혹 나를 따라 노닐 수 있겠는가?'

왕유의 벗 배적처럼 당시의 대시인 왕유로부터 '천부적 감각이 맑고 오묘하다'고 칭찬받을 만한 사람은 많지 않았다. 또한 아름다운 경치를 경험한 뒤 우아한 글로 경치를 묘사하는 것은 경치를 마주하고 있는 당시에 솟구치는 그 순간의 느낌과 전혀 다르다. 그래서 왕유는 이 시에서 '나만 안다'라고 했던 것이다.

이어서 '걸어서 물 다하는 곳에 이르면, 앉아 구름 이는 것 보고'는 여행의 경험을 묘사하고 있다. 계곡물을 따라 굽이굽이 가다 보면 어느 순간 계곡의 끝에 다다르게 되는데, 그때는 더 이상 갈 곳이 없지만 그 상황에 대해 전혀 개의치 않는다. 이윽고 마음 내키는 대로 앉아 먼 산을 바라보노라면 물안개가 피어오르다가 점차 감미롭고 아름다운 구름송이로 응집되는 광경을 목격할 수 있다.

마치 중국 고시에서 보이는 풍부한 내용과 아름다운 정취의 훌륭한 연결인 듯하다. 실제 상황에 대한 기록도 아니고 인생의 가치관에 대한 상징도 아니다. 진晉나라 때 인물인 완적(阮籍, 210~263, 노장철학에 심취해 대나무 숲 속에 은거하던 죽림칠현竹林七賢의 한 사람 – 옮긴이)은 매일 수레를 몰고 나갔다가 길이 끊기거나 막힌 곳에 닿으면 그 자리에서 대성통곡을 하고 돌아섰다고 한다. 완적은 그 상황에서 속세의 힘겨움을 문득 떠올렸을 것이다. 하지만 왕유는 이 시에서 막다른 길에 도착해 더 이상 갈 곳이 없었지만 좌절하지 않았다. 힘든 상황에도 의연하게 대처하고 환경에 적응하고 만족하니 도처가 아름다운 곳이 됨을 알려주고 있다.

고집스러운 태도로 삶을 대하지 말자

다른 시각에서 본다면 이 두 구는 만물이 변화하는 신기함을 묘사
한 것이다. 송나라 때의 시인 육유陸游, 1125~1210의 시 〈유산서촌遊山西
村〉의 일부를 보면 이렇다.

첩첩산중 물은 굽이굽이 길이 없나 했더니,
버드나무 우거져 꽃 핀 곳에 다시 마을이 있구나.

이 시와 왕유의 시를 대조해보자. 육유 역시 경치가 발걸음을 따라
변함을 묘사했고 길의 끝에 다다른 뒤 새로운 길이 열린 상황을 묘사
했다. 하지만 이 시를 이루는 생각의 경로는 단선적이다.

한편 '걸어서 물 다하는 곳에 이르면, 앉아 구름 이는 것 보고'는 생
각지도 못한 부분에 그림을 그린 것처럼 보인다. '물이 다하는'과 '구름
이 이는'은 마치 아무 연관도 없는 것 같다. 하지만 세상의 여러 가지
불가사의한 변화는 늘 겉보기에는 아무 관계없는 것에서 생기므로 단
선적 사고로는 이해할 수가 없다. 이 문구는 육유가 남긴 유명한 문구
에 비해 무척이나 변화가 많아 종잡기가 어렵다.

오언율시의 말연末聯에는 좋은 수결收結이 필요하다. 하지만 왕유는

그 수결 방법을 찾지 못한 듯하다. 그래서인지 우연히 만난 숲 속의 노인을 묘사했다. 노인과 즐겁게 담소를 나누다가 돌아갈 때를 잊어버렸다. 사실 그 자체로 왕유는 수결을 했다. 마음 가는 대로 이리저리 노니는 것도 우연이고 물이 다하고 구름이 이는 것도 우연이다. 숲 속 노인을 만나 담소를 나누면서 돌아갈 때를 잊어버린 것 역시 우연이다. 사전 계획도 없고 예상한 목표도 없으니 심혈을 기울여 무언가를 할 필요도 없다. 시 자체로 봤을 때 일부러 심각하게 끝맺을 필요가 없었던 것이다.

이 시는 원문 첫 번째 구인 '중세파호도中歲頗好道'부터 불교의 이치를 언급하고 있음을 분명히 밝히고 있다. 하지만 추상적으로 이치를 설명하는 내용은 없다. 따라서 시에 함축되어 있는 불교적 이치를 어떻게 이해할 것인지는 각자의 깨달음에 달려 있다. 청나라 때의 시 비평가인 서증徐增, 1612~?은 자신의 저서 《설당시說唐詩》에서 '무아無我'라는 개념을 도입한 해석을 시도했다.

'걸어서 물 다하는 곳에 이르니 더 이상 갈 수 없어 나도 그대로 멈추었다. 만약 구름이 인다면 나는 그대로 앉아 구름이 이는 모양을 보련다. 앉은 지 오래되어 마땅히 돌아가야 하는데, 우연히 숲 속 노인을 만나 산속 물기슭 이야기를 나누다 보니 떠나기 아쉬워져 돌아갈 때를 기약 못하겠구나. 불법의 관점에서 보자면 결국에는 무아의 지경에 이른 상태로 어떤 것도 하려는 바가 없구나.'

'무아'는 불교의 핵심 개념 중 하나다. 연기론緣起論, 어떤 근본으로부터 일체 만상이 벌어진 상태들을 논리적으로 설명하려 한 이론—옮긴이)에 따르면 세계의 모든 만물은 독립적이거나 구체적인 자체自體가 없다. 사람은 오온五蘊 : 색色, 수受, 상想, 행行, 식識의 다섯 요소로 구성되어 있는데 일상적으로 주재主宰하는 '자아독립된 영혼'라는 존재가 없다. '오온'의 비유를 들어 간단히 설명하면 '今日之我國, 全非昔日之我國矣 금일지아국, 전비석일지아국의', '즉 오늘의 우리나라는 예전의 우리나라가 아니다'라는 말의 맥락과 비슷하다. 사람은 육체와 감각에서 마음과 외부에 대한 인식에 이르기까지 늘 변화에 노출되어 있다. 인간은 결국 어떤 원인에 의해 계속해서 생겨났다가 사라지는 수많은 요소들의 결합일 뿐이다. 때문에 고집스러운 태도로 삶을 살아갈 필요가 없다.

왕유의 〈종남별업〉과 이백의 〈산중문답〉

서증은 무아의 관점으로 왕유의 시에 묘사되어 있는 유람의 과정이 '하려는 바 없음목적 없는 행위'의 특징을 그대로 체현해냈다고 생각했다.

서증의 이런 관점 역시 오산일 수 있다. 하지만 왕유가 불교 신도이며 위대한 시인이라는 점을 염두에 두어야 한다. 시인의 천성은 아름다움에 대한 민감성에서 드러난다. 불교의 본래 취지에 따르면 만물은 무상하고 그 무상함은 힘겹다. 하지만 시인의 영혼은 만물의 무상함을 인식함으로써 인생의 의미를 찾게 되고 변화의 신기함과 오묘함을 느낄 수 있다. 이러한 경지에 이르면 외부의 입력을 받지 않고 유혹에서도 자유로울 수 있으며 마음이 늘 편안하고 만족할 줄 알게 되어 구름처럼 떠돌 수 있는 것이다.

배적은 왕유의 글을 보고 '하늘의 뜻이 분명하고도 심오하다'고 찬미했다. 또한 '심오하고도 분명한 하늘의 뜻'을 아는 사람만이 숲 속 은거 생활의 즐거움을 느낄 수 있다고 말했다. 그렇다면 이백李白, 701~762이 이런 유형에 속하는 인물일 것이다.

이백의 사상은 꽤 복잡하다. 어떤 사상이든 조금씩은 배어 있어 그렇다. 그중 도교와의 관계가 유달리 밀접해 당시 사람들은 이백을 '적선謫仙'이라 부를 정도였다. 하늘의 궁전에서 좌천되어 속세로 온 선인이라는 뜻이다. 여기에서 공중에 부양하는 듯 세속을 초월한 풍채를 상상해볼 수 있다.

그렇다고 이백이 불교에도 심취했었다는 점을 부정할 수는 없다. 그의 호는 청련거사青蓮居士인데, 청나라 때 인물인 왕기王琦는《이태백연보李太白譜》에 이 호에 대한 유래를 이렇게 설명했다.

"청련화는 서북지방에서 자라는데 산스크리트어로는 우발라화라고한다. 깨끗하고 맑으며 향기롭고 티끌 한 점 없이 깔끔하다. 태백의호는 아마도 이러한 뜻을 차용한 듯하다."

맞는 말인 것 같다. 이백의 시가에 '心如世上青蓮色심여세상청련색'이라는 구절도 있다. '마음에 부처가 찾아오면 세상에 있는 싱싱한 연 이파리가 푸르게 보인다'라는 뜻이다.

이백은 인내심이 많은 사람이 아니었다. 그래서 그는 시가에서 섬세한 방법으로 선의 이치를 표현하는 것을 즐기지 않았다. 그는 자신이 동경하는 생활의 방식을 묘사할 때는 근심도 없고 속박도 없으며 집착도 없고 막힘도 없는 품위 있는 삶의 태도를 표현하였다. 이백은 그러한 방식으로 선의 정취를 표현했으며, 그의 시 세계는 왕유의 〈종남별업〉이 보여주는 시의 정신과도 맞닿아 있다. 그의 시 〈산중문답山中問答〉의 경우가 그렇다.

내게 왜 푸른 산에 사냐고 묻는 말에
웃으며 대답하지 않았지만 마음만은 한가롭네.
복사꽃 흐르는 물에 아득히 떠내려가니
인간 세상이 아니라 별천지일세.

問余何意棲碧山   문여하의서벽산

笑而不答心自閑   소이부답심자한

桃花流水杳然去   도화유수묘연거

別有天地非人間   별유천지비인간

이 시는 문답의 방식으로 전개가 되고 있는데 활력 넘치는 효과를 구현하기 위한 방법이다. 마치 이백이 누군가와 대화를 나누고 있는 모습을 보고 있는 듯하다. 그런데 '왜 푸른 산에 사느냐'는 질문에 어째서 웃으며 대답하지 않았을까? 왕유가 말한 '아름다운 경치를 나만이 아네'와 비슷한 의미다. 이런 생활의 기쁨은 언어로 묘사하기에 적합하지 않다. 그러니 이미 이해한 사람에게는 말을 해줄 필요가 없고 이해 못한 사람에게는 말해 봐야 아무 소용없는 것이다.

그렇다면 왜 웃은 것일까? 질문한 사람을 비웃었던 것일까? 이 시의 다른 판본의 제목은 〈산중답속인山中答俗人〉이고 그 판본에 등장하는 가상의 질문자는 조소의 대상이 된다. 이 제목은 후인이 멋대로 고친 것으로 다소 감동을 떨어뜨렸다. 이러한 느낌으로 이백의 모습을 보면 높은 곳에서 내려다보면서 자기 만족하는 것처럼 느껴질 수밖에 없다.

그러나 이 시에서 '웃음'은 질문에서 유발된 내면의 기쁨이라고 볼 수 있다. 시인이 자기 자신에게 이렇게 말하고 있는 듯하다.

"나에게 왜라고 물었는가? 왜라고? 나도 모르게 웃었기에 '웃으며 대답하지 않았지만 마음만은 한가롭네'라고 이미 말하지 않았는가."

그렇게 보면 아래 두 구도 질문에 대한 답이 아닌 자신의 느낌을 적은 듯하다. '복사꽃 흐르는 물에 아득히 떠내려가니'는 한 폭의 그림을 선보인다. 세 번째 구는 시의 전체적 풍경을 구성한 핵심이 되었다. 일반적으로 중국의 고시가 떨어지는 꽃을 묘사할 때 대부분은 봄날의 경치에 대한 감상적 의미로 사용하지만 여기에서는 그런 취지로 사용하지 않은 듯하다. 아름다운 복숭아꽃이 흩날리며 물 위로 내려앉았다가 깊고 그윽한 곳으로 흘러간다. 시인은 이런 광경을 주시하고 마음도

'나아감' 혹은 '물러섬'은 사실 사람의 필요에 의한 행동을 설명하는 말일 뿐 그 자체는 허무한 것이다. 목표를 동쪽에 놓고 서쪽으로 향하면 그것은 '물러섬'이다. 목표를 뒤집으면 바로 '나아감'이 된다.

그대로 따라가고 있다. 그 순간 자연스럽게 하나의 움직임이 사람의 마음을 두드린다.

꽃이 지면 아마도 그 현상을 두고 한 과정의 끝이라 간주할 것이다. 그리고 그 모습을 본 사람들은 모든 아름다운 사물은 오래가지 못한다는 생각에 슬픔을 느낄 것이다. 하지만 대자연의 무한한 생명력 속에서 떨어지는 꽃은 그저 하나의 변화에 불과하다. 떨어진 꽃이 흐르는 물을 따라가는 곳에 또 다른 아름다운 천지가 펼쳐져 있을 수 있다. 이 것이 바로 구름이 산속에서 하늘로 날아오르는 경치를 묘사한 왕유의 시와 유사한 점이다.

그러다 결국에는 '인간 세상이 아니라 별천지일세'로 귀착된다. 생활의 본질을 명백히 알았다면 사람은 새로운 세상을 얻을 수 있기 때문이다.

마음에 한 줄기 빛만 있다면 당당할 수 있다

선의 목표는 정신의 해탈이다. 스스로 혹은 타인이 만들어놓은 속박과 멍에로부터의 심리적 해방이다. 선의 내면으로 다가가면 소위 '상식'이 와해되어 훨씬 광활한 공간이 펼쳐진다.

이어서 계차契此. ?~916스님의 〈삽앙시揷秧詩〉를 살펴보자.

푸른 모 손에 들고 논에 가득 심다가

고개 숙이니 문득 물속에 하늘이 보이네.

육근이 맑고 깨끗하니 비로소 도를 이루고

뒷걸음질이 본디 앞으로 나아가는 것이었네.

手把靑秧揷滿田   수파청앙삽만전

低頭便見水中天   저두변견수중천

六根淸淨方爲道   육근청정방위도

退步原來是向前   퇴보원래시향전

계차스님의 삶은 전설적 색채가 매우 강하다. 흔한 장張 씨 성을 이어받았고 중국 오대五代 후량後梁 시대에 살았으며 명주明州, 지금의 저장성 닝보시 출신이다. 행각승으로 늘 포대 하나를 메고 이곳저곳을 누비고 다녔다. 그래서 포대布袋스님이라 불리기도 했다. 머리는 둥글고 배는 불룩 튀어나왔으며 몸집이 건장했다. 선행을 베풀고 웃음소리가 늘 끊이지 않을 정도로 낙관적이었다. 입적할 때 스스로 미륵보살의 화신이라 했다는 말도 있다. 그래서 이후에 사람들은 그의 외형을 본떠 배가 불룩한 중국식 미륵보살상을 만들어냈다. 이 미륵보살상을 모신 법당에서는 아래의 대련對聯을 자주 볼 수 있다.

불룩한 배는 모든 것을 능히 용납하게 되니 천하에 용납하기 어려운 일도 다 용납하고 입을 벌리고 웃으니 천하의 마음이 좁은 가소로운 자들을 다 비웃는다.

大肚能容容天下難容之事　　대두능용용천하난용지사
開口常笑笑天下可笑之人　　개구상소소천하가소지인

　계차의 전설과 배가 불룩한 미륵보살의 이미지는 사실 중국 민간에 전해지는 불교에 대한 인식 혹은 기대감의 표현이라 할 수 있다. 부처는 선하고 사랑스럽고 친절할 것이며 신성하면서도 재미있을 것이라는 믿음이다. 그렇다면 왜 배가 불룩한 미륵불인 것일까? 부처는 너무 위엄이 있는 존재여서 오히려 이처럼 재미있는 이미지가 생긴 것이다. 이런 친근한 이미지의 미륵불상이 있었기에 절이 지닌 위압적이고 엄숙한 분위기를 다소 줄일 수 있었고 유쾌한 분위기가 한층 돋보이게 되었다. 그렇다면 본래 남자였던 관세음보살은 왜 후에 아름다운 여자의 모습으로 바뀌게 된 것일까? 남자인 부처와 보살만으로는 다소 단조롭기 때문이다. 이러한 부처의 세상이야말로 풍부하고 다채롭지 않은가!
　계차스님의 이름으로 전해 내려오는 시가 적지 않은데 그중 가장 유명한 시는 바로 앞에서 소개한 〈삽앙시〉다. 이 시의 특징은 평범한 농사를 비유의 대상으로 삼아 사람으로서의 도리에까지 내용을 확대하여 유익한 가르침을 주는 동시에 선종의 철학적 이치를 보다 효과적으로 명확히 밝혀 놓은 데 있다. 통속적 언어로 교화의 뜻을 보여주는 시는 꽤 많다. 하지만 정말 평이한 언어로 깊은 의미를 전하는 시는 그리 많지 않다. 여러 가지 요소를 한데 묶는 것이 쉽지 않기 때문이다. 그런 면에서 〈삽앙시〉는 그 성공적인 예라 할 수 있다.

'푸른 모 손에 들고 논에 가득 심다가'라는 시의 서두는 단순하고 직설적이다. 이어서 '고개 숙이니 문득 물속에 하늘이 보이네'는 앞 구 내용의 연결이자 모내기할 때 자주 볼 수 있는 정경이다. 하지만 그 속에 상징적 의미가 담겨 있다. 중국의 민간에는 이런 속담이 전해온다. '머리 들어 석 자 위엔 신명이 있으니 속인들 무엇하리.' 이는 사람들의 모든 행위는 정정당당해야 하며 어둠 속에 악행을 숨겨서는 안 됨을 가르치고 있다. 이 시는 모내기할 때 높은 하늘이 수면에 비친 정경을 빌어 앞에 언급한 속담을 보다 깊은 곳으로 한 발 내딛게 했다. 고개를 들면 하늘이 보이는 건 당연한 이치고 고개를 숙인다고 하늘을 볼 수 없는 건 아니다. '하늘'이든 '신명'이든 결론적으로 말해 사람의 마음이 선의를 가지고 있으면 되는 것 아니겠는가! 말로 설명할 수 없어 고개를 숙이거나 이를 악물게 되는 억울한 상황에 대해서도 굳이 신경 쓸 필요가 없다는 것이다. 마음에 한 줄기 빛만 있다면 어떤 상황에서도 당당할 수 있다.

모내기를 한 모가 병이 들 수도 있고 벼의 뿌리가 썩을 수도 있고 벼로 성장하지 않을 수도 있다. 불교 이론에 사람에게는 '육근六根'이 있다고 한다. 눈, 귀, 코, 혀, 몸, 뜻의 여섯 가지를 뜻한다. 육근은 탐욕으로 가득 차 깨끗하지 않고 도리에 어긋나는 행동을 할 수 있고 끝이 없는 악업을 만들어낼 수도 있다. '육근이 맑고 깨끗하니 비로소 도道를 이루고'는 뿌리가 건강한 모를 사용해야 '도稻' 즉 벼로 성장할 수 있다는 생활 상식을 알려주고 있다. 동시에 육근이 맑고 깨끗해야 도道를 완성할 수 있다는 인생의 이치를 비유했다. 매우 적절하고도 절묘하다.

한 걸음만 양보하면 하늘이 보일 것

그렇다면 어떻게 해야 육근을 맑게 유지할 수 있을까? 앞으로 나아갈 때와 뒤로 물러설 때를 알고 양보할 줄 알아야 가능하다. 모내기할 때는 사람이 뒤로 물러나면서 마지막에 물러난 최후의 한 줄까지 모를 심어야 모내기가 끝이 난다. '뒷걸음질이 본디 앞으로 나아가는 것이었네'는 재차 모내기로 비유해 선의를 가진 인생은 속세에서 퇴보하는 듯 보이지만 사실은 진보하고 있음을 설명해주고 있다. 반대로 대결에서 늘 이기는 것 같고 여러 방면에서 강한 듯한 인생이 오히려 수습이 불가능할 정도로 철저하게 무너질 수도 있다. '한 걸음만 양보하면 하늘이 보일 것이다'라는 흔한 말이 그야말로 진리다. 이 시는 시종일관 모내기라는 농사일이 서로 맞물려 곳곳에서 층층이 비유가 이루어져 배불뚝이 스님의 지혜로움에 감탄을 자아낸다.

우연히 듣게 된 이야기가 있다. 한 사부가 제자들에게 이런 질문을 했다고 한다.

"물을 끓이던 도중 집에 장작이 떨어졌다는 사실을 알게 되었다. 자, 어떻게 하겠느냐?"

첫 번째 제자가 대답했다.

"얼른 나가서 장작을 사와야지요."

두 번째 제자가 대답했다.

"옆집에서 장작을 빌려오겠습니다."

세 번째 제자는 대답을 하지 못하고 고개를 숙였다.

잠시 뒤 사부가 말했다.

"아무도 주전자 안의 물을 조금 따라내겠다는 생각은 하지 않는구나!"

세상 일은 늘 뜻대로 되지 않는다. 다만 한발 물러서면 대개는 쉬워진다.

'뒷걸음질이 본디 앞으로 나아가는 것이었네'라는 마지막 구는 '한 걸음만 양보하면 하늘이 보일 것이다'라는 이치만 말하는 게 아니다. 선종의 사상으로 말해보자면 '나아감' 혹은 '물러섬'은 사실 사람의 필요에 의한 행동을 설명하는 말일뿐 그 자체는 허무한 것이다. 목표를 동쪽에 놓고 서쪽으로 향하면 그것은 '물러섬'이다. 목표를 뒤집으면 바로 '나아감'이 된다. 어제는 진보했다고 생각했는데 오늘 보니 상황은 변해 퇴보해 있다. 만약 융통성 있게 세속의 가치와 행동 규칙을 보지 못하면 허구의 의식 속으로 빠져들어 홀로 기뻐 어쩔 줄 모르다가 결국에는 공허 속으로 빠져들게 될 것이다.

왕유가 쓴 '걸어서 물 다하는 곳에 이르면, 앉아 구름 이는 것 보고'는 꽤 정교한 구절이고, 반면 계차스님이 말한 '뒷걸음질이 본디 앞으로 나아가는 것이었네'는 소박한 격언이다. 하지만 이 두 구절은 정신적으로 서로 통해 있으며 공히 고집스러움을 반대하고 있다. 인연을 따르라고 주장하면서 편안하고 경쾌한 마음으로 세상의 변화를 대하면 인생의 즐거움을 얻을 것이라 말한다.

깨달음이 열리는
마음의 과정

'마전작경磨磚作鏡' 즉, 벽돌을 갈아 거울을 만든다는 일화가 있다. 당나라 때의 스님 마조 도일은 계를 받은 뒤 남악산南嶽山 반야사般若寺의 회양懷讓, 677~744, 통상 '남악 회양'이라 불리며 혜능의 제자다. 선종 스님의 칭호는 앞의 글자는 지명이나 절의 이름을 차용하는 게 상례다. 주요 활동지점 및 불법 전수 체계를 표한다. 뒤의 글자는 본인의 법호다. 하지만 예외도 있다. '마조 도일馬祖道一'의 '마馬'는 그저 흔한 성씨다. 선사를 찾아가 두문불출하고 좌선 수행에 집중했다.

어느 날 회양이 마조에게 물었다.

"무엇 때문에 좌선을 하는가?"

마조가 대답했다.

"부처가 되기 위해서입니다."

그 말에 회양은 마조가 수행하는 선방 앞에서 사력을 다해 벽돌을 갈기 시작했다. 벽돌 가는 소리에 마조가 밖으로 나와 회양에게 물었다.

"선사님. 벽돌을 갈아 뭘 하려고 하십니까?"

그러자 회양이 대답했다.

"그거야 거울을 만들어보려는 것이지."

마조는 이해할 수 없다는 표정을 지으며 회양에게 물었다.

"벽돌을 간다고 어찌 거울이 되겠습니까?"

회양이 곧이어 말을 이었다.

"그렇다. 벽돌을 간다고 거울이 되지 않는다. 마찬가지로 좌선을 한다고 부처가 될 수 있겠느냐?"

그 말을 들은 마조는 큰 깨달음을 얻고 회양의 문 앞에서 절을 하였다. 그리고 후에 선종의 존경받는 인물이 되었다.

자아의 진면목을 발견하는 것이 곧 깨달음

마전작경의 일화가 설명하는 이치는 선종의 기본 요소를 담고 있다. 심외무불心外無佛은 곧 모든 사람의 마음이 바로 불성이라는 말로 불성은 본성을 스스로 깨닫는 데에 있다는 것이다. 따라서 좌선이 비록 수행의 한 방식이지만 좌선에만 집착하면 되레 성불을 하는 정확한 경로를 찾지 못하게 된다.

당나라 때의 한 비구니가 지은 개오시(開悟時, 진리를 깨달음을 읊은 시—옮긴이)인 〈심춘尋春〉은 '심춘'을 이용해 도를 찾는 길을 비유했다. 〈심춘〉에는 깨달음이 열리는 마음의 과정이 묘사되어 있다. 마전작경의 일화와 비슷한 면이 있다.

온종일 봄을 찾았으나 봄이 보이지 않아
짚신이 다 닳도록 먼 산 구름 덮인 곳까지 헤맸네.
돌아와 뜰에서 웃고 있는 매화 향기 맡으니
봄은 이미 매화가지 위에 한껏 와 있었네.

盡日尋春不見春	진일심춘불견춘
芒鞋踏遍嶺頭雲	망혜답편령두운
歸來笑拈梅花嗅	귀래소념매화후
春在枝頭已十分	춘재지두이십분

　여러 사상의 학설 속에 등장하는 진리는 늘 우리보다 높은 곳에 존재한다. 갖은 노력을 들이고 자신을 부단히 경주해야 진리에 가까워지고 비로소 진리를 깨달을 수 있다. 이러한 인식 속에서 일반인들은 진리를 이해하지 못하는 존재로 치부된다.

　이 시 〈심춘〉을 지은 비구니 역시 처음에는 외부에서 진리를 탐색했다. 고생을 마다하지 않고 곳곳을 헤매고 다녔다. 하지만 '짚신이 다 닳도록 먼 산 구름 덮인 곳까지 헤매고' 산과 강을 두루 돌아다녀도 '봄'을 찾지 못했다. 봄은 마치 아무도 모르는 곳에 숨어 있는 듯했다. 비구니는 실망했고 피로했다. 그리고 어쩔 수 없이 자신의 거처로 돌아왔다. 왜 '봄'을 찾지 못했을까?

선종의 눈으로 봤을 때 세계의 불성과 자기 마음의 불성은 궁극적으로 하나이기 때문에 불성을 찾는 것은 자아의 '진면목'을 발견하는 것에 불과하다.

인간의 의식은 이미 대립된 방식으로 만물을 사고하는 데 익숙해져 있다. 물아의 대립, 선악의 대립, 시비의 대립, 흑백의 대립 등의 생각으로 실재의 사물을 다른 것으로 대체하거나 곡해하는 데 익숙하다. 욕망을 만족시키면서 '행복'을 느끼려는 습관도 있다. 때문에 참된 나의 불성, 혹은 진면목은 대단히 깊은 어둠 속에 억류되어 있다. 이 모든 구속을 없애버려야 자아는 그 본래의 맑고 깨끗한 상태로 드러나게 된다. 이것이 바로 '直指人心 見性成佛직지인심 견성성불', 즉 사람의 마음을 바로 보고 본래 마음자리를 깨닫게 된다는 것이다.

온종일 '봄을 찾아 헤맨' 비구니가 집으로 돌아와 무의식 중에 자신의 집 옆에 매화가 피어 있음을 발견하고 손이 가는 대로 한 송이 꺾어 향기를 맡는다. 그렇게 행복감을 느끼다 문득 고개를 들어보니 한 그루 매화나무에 매화꽃이 만발해 있었다. 이 시는 이렇게 말하고 있다.

"봄은 이미 매화가지 위에 한껏 와 있었네!"

진리를 깨달은 사람의 밝고 생동감 넘치는 마음

수행자의 묘사에 따르면 깨달음의 상태는 생명의 잠재력과 지혜가 충분히 실현된 상태이고, 생명의 흐름에 편안하게 순응하는 것이며, 차분한 기쁨이 충만한 상태다.

이는 본래 언어로 전하기 힘든 경지이다. 그런데 이 시에서는 애써 찾았지만 찾지 못해 몹시 초조해 있다가 문득 시야에 가득 들어온 봄에 대한 기쁨을 느낄 수 있다. 이 시는 이러한 방식으로 '깨달음'이 도달한 정신의 경지를 표현했다.

사람들이 이 시를 좋아하는 이유는 깨달음의 심리적 과정을 잘 표현해냈을 뿐 아니라 이 시가 묘사한 정신의 변화 과정이 폭넓은 의미를 품고 있어서다. 물론 불교 신도들만 이해할 수 있는 것은 아니다. 남송 때의 이학(理學, 송명末明 시기의 유가 철학 사상―옮긴이)자인 주희朱熹, 1130~1200가 지은 〈춘일春日〉도 이와 비슷한 정취를 풍긴다.

맑은 날 사수 강가로 꽃구경 갔더니
끝없이 펼쳐진 광경이 새롭기만 하구나.
어렵지 않게 알아냈네, 얼굴이 스치는 봄바람에
울긋불긋 만발한 백화가 모두 봄이라는 것을.

勝日尋芳泗水濱　　　　승일심방사수빈

無邊光景一時新 　무변광경일시신

等閑識得東風面 　등한식득동풍면

萬紫千紅總是春 　만자천홍총시춘

이 시는 봄놀이의 감상을 묘사한 것 같지만 '사수 강가'라는 지명은 다른 뜻을 암시하고 있다. 주희가 이 시를 지을 때 산동 지역의 사수 일대는 일찌감치 금金나라에 점령 당해 장기간 통치를 받고 있는 상황이었다. 그래서 당시 주희는 사수 강가로 꽃구경을 갈 수가 없었다. 향긋한 정취를 찾아 꽃구경을 간다는 것은 사실상 유교의 성인들이 추구하는 도道를 비유한 것이다. 춘추전국시대에 공자는 수수洙水와 사수泗水 사이에서 현악기를 타고 노래를 부르는 학술 강연을 하면서 제자를 가르친 적이 있었다.

그래서 '얼굴에 스치는 봄바람에 알아냈네'는 유교의 도를 파악했음을 뜻한다. 봄바람이 없었으면 백화가 피지 않았을 것이다. 봄바람이 불어왔으니 곳곳에 봄이 온 것이다. '울긋불긋 만발한 백화가 모두 봄이라는 것을'은 진리를 깨달은 사람의 밝고 생동감 넘치는 마음을 나타냈다. 거기에는 어떤 막힘도 없고 어두움도 없다.

그렇다면 어떻게 편안하고 '어렵지 않게' 얼굴에 스치는 봄바람을 알아냈을까? 주희는 불교 신자는 아니어서 성불을 염두에 두지 않았지만 송나라의 이학은 선종의 사유방식에 깊은 영향을 받았다. '어렵지 않게'에는 도道와 자아가 일치하고 도와 자아 사이에 긴장관계가 존

온종일 봄을 찾아 헤맨 비구니가 집으로 돌아와 무의식 중에
자신의 집 마당에 매화가 피어 있음을 발견하고
손이 가는 대로 한 송이 꺾어 향기를 맡는다.
그렇게 행복에 젖어 문득 고개를 들어보니 한 그루 매화나무에
매화꽃이 만발해 있었다. 이 시는 이렇게 말하고 있다.
"봄은 이미 매화가지 위에 한껏 와 있었네!"

재하지 않는다는 의미가 함축되어 있다.

그런데 유학자는 천하를 자신의 소임으로 여긴다. 그래서 시인이 쓴 봄의 경치는 〈심춘〉의 '매화가지 위에 한껏 와 있었네'와는 달리 보다 웅대한 정경에 이른다. 바로 '울긋불긋 만발한 백화가 모두 봄'이라고 하지 않는가. 이 문구는 왕성한 생기를 함축하고 있어 한 번 읽으면 말로 표현할 수 없는 감동을 느끼게 된다.

위대한 업적과 위대한 학문을 이루기 위해 거쳐야 하는 세 가지 경지

여기에서 한 가지 문제가 제기된다. '온종일 봄을 찾았으나 봄이 보이지 않아, 짚신이 다 닳도록 먼 산 구름 덮인 곳까지 헤맸네'라는 봄을 찾기 위한 과정은 결과적으로 잘못된 판단이 낳은 행위가 되었다. 그렇다면 위의 과정은 진정 아무런 의미도 없는 것으로 치부되어야 하는가?

'견성성불見性成佛', 즉 자기의 본성을 깨달아 부처가 되기 위해서는 내면으로 침잠해 들어가야 한다. 그렇다면 성불은 인생의 실천적 경험과는 아무런 관계가 없을까? 내면에 대한 사색만으로 성불은 불가능하다. 만약 '깨달음'이 자아 인식과 세계 인식이 동시에 완성된 것임을 의미한다면 세상을 아는 과정을 거치지 않고, 심지어 좌절과 상실 같은 괴로움을 겪지 않고 자신을 알 수는 없을 것이다. 시에 나온 문구를 빌려 말하자면 '짚신이 다 닳도록 먼 산 구름 덮인 곳까지 헤매지' 않고는 '봄은 이미 매화가지 위에 한껏 와 있는' 경치를 문득 발견할 수 없다. 마찬가지로 주희는 시에서 '어렵지 않게 알아냈네, 얼굴에 스치는 봄바람에'라고 했다. 얼마나 홀가분한가. 하지만 이 경지에 다다르는 과정은 '어렵지 않게'와는 판이하게 달랐을 것이다.

그래서 왕궈웨이(왕국유 王國維, 1887~1927, 청 말기 국학대사, 문학가, 역사학자─옮긴이)는 《인간사화人間詞話》에서 시 3수를 인용해 '고금을 통틀어 큰 사업이나 큰 학문을 이루려는 사람'은 반드시 아래 세 경지를 거쳐야 한다고 했다.

어젯밤 가을바람에 푸른 나무 시들었네.

홀로 높은 누대에 올라, 하늘 끝닿은 길을 하염없이 바라보네

첫 번째 경지로 지知의 단계다. 이 구절은 북송 때의 문인인 안수晏殊, 991~1055가 지은 〈접련화蝶戀花〉의 한 부분이다. 원래는 남편을 그리워하는 아낙네가 높은 곳에 올라 먼 곳을 조망하며 쓸쓸한 가을의 경치를 바라보는 모습을 묘사했다. 그리워하는 이가 도대체 어디에 있는지 모른 채 말이다. 왕궈웨이는 이를 인용해 고상한 이상을 가진 사람은 고독을 두려워하지 않고 안목이 넓으며 의지가 결연해야 함을 비유했다. 온 힘을 다해 인생의 목표를 분명히 하자는 것이다. 이때 그의 시선은 완전히 외부에 있다.

옷띠가 점점 느슨해지더라도 결코 후회하지 않으리.

임을 위한 근심에 초췌해지더라도

두 번째 경지로 行행의 단계다. 이 구절은 유영柳永. ?~1053이 지은 〈접련화蝶戀花〉의 한 부분으로 본래는 서로 사모하는 사람들이 그 사랑을 이어나가는 과정이 매우 힘겹더라도 절대 포기하지 않는 고집스러움을 묘사했다. 왕궈웨이는 이를 인용해 원대한 목표를 이루는 과정에서는 당황스러운 상황에 빠지게 되고 극도의 피로감에 맞닥뜨리게 되는데, 이런 때 '아홉 번 죽더라도 결코 후회하지 않는' 결연함이 필요하며, 설령 출구가 보이지 않더라도 절대 후회하지 말아야 한다고 했다.

무리 속을 그대 찾아 천 번 백 번 헤매었지.

홀연히 고개 돌려보니, 그대 그곳에 있네.

등불이 환하게 비추는 곳에

세 번째 경지로 得득의 단계다. 이 구절은 신기질辛棄疾. 1140~1207이 지은 〈청옥안青玉案〉의 한 부분으로 본래는 두루 찾아도 찾지 못했던 그리운 사람을 그리고 있다. 그런데 그 사람은 내 주변, 미처 생각지 못했던 곳에 있었다. 왕궈웨이는 이 구절을 인용하여 사람은 여러 곡절과 단련의 과정을 겪은 뒤 문득 깨닫게 됨을 비유했다. 이때 지혜가 한 단계 발전하고 정신이 자유로워지며 삶의 주인으로 바로 서게 된다. 모든 것이 명확해짐을 느끼고 모든 것을 대함에 있어 그야말로 침착해진다. 이는 곧 최고의 완성이 외적인 목표의 완성에 있는 것이 아니라 자아의 완성에 있음을 의미한다.

내려놓음 · 아홉

진정한 의미는
말에 담기지 않는다

깨달음은 내부로 향한다. 그런데 먼저 외부로 향한 뒤에야 내부로 향할 수 있다. 반드시 세상 속에서 사물을 인식하고 자아를 인식해야 한다. 온종일 우두커니 앉아 '내부만 향해서'는 안 된다. 그런 과정을 거쳐야 결국 자아에 대한 깨달음과 외부 세계에 대한 깨달음이 하나가 된다. 모든 완성은 자아의 완성으로 귀결된다. 자아가 완성된 사람에게는 아름답지 않은 것이 없고 자신을 방해하는 것도 없다. 득과 실에 얽매이지 않고 생과 사에 초연하다.

깨달음은 선의 근본이요, 선이 존재하는 이유다. 동시에 깨달음은 종교를 떠난 순수한 개인의 경험이라 일정한 틀이 없다. 스승에게 배워서 터득할 수 있는 것도 아니다. 스승 역시 다소간의 가르침을 줄 수는 있으나 깨달음에 이르게 해줄 수는 없다. 때문에 수행자들이 깨달음을 얻는 인연은 매우 다양하고 기이하다. 그중 하나가 염정시(艶情詩.

연모의 정을 소재로 한 시-옮긴이)를 통해 깨달음을 얻는 방법이다.

자세히 살펴야 깨달을 수 있다

선종 역사서인 《오등회원五燈會元》 제19권에는 송나라의 고승인 원오 극근圓悟克勤, 1063~1135이 법연法演, ?~1104선사를 따라 선을 수행한 이야기가 기술되어 있다. 극근은 사천성 숭녕崇寧 사람으로 대대로 유학을 공부하는 가문에서 태어나 학습에 정진했다. 그러다 우연히 불교 경전을 접하면서 특별한 친밀감을 느끼고는 벗에게 말했다.

"내가 아마도 전생에 스님이었나 보네."

이윽고 출가한 그는 고승들 밑에서 수련을 했지만 깨달음의 방법을 터득하지 못하다가 마지막으로 법연의 문하로 들어가게 되었다.

어느 날 진제형陳提刑이라는 관리가 벼슬을 그만 두고 고향으로 돌아가는 길에 일부러 법연을 찾아와 불교의 도에 대한 가르침을 청했다. 법연의 대답은 이러했다.

"제형께서는 어린 시절에 소염시小艶詩를 읽어본 적이 있습니까? 소염시 가운데 '자꾸 소옥이를 부르지만 본디 일은 없네. 다만 그이가 내 목소리를 알아주었으면'이라는 구절은 우리 불법과 꽤 가깝지요."

진제형은 법연의 이야기를 멍하니 듣고 있다가 '예'라고 형식적으로 대답하였다. 이에 법연선사가 말했다.

"자세히 살피셔야 합니다."

잘 생각해보라는 것이다.

소위 소염시는 남녀의 정을 쓴 단시로 칠언사구七言四句가 일반적이다. 법연이 언급했던 구절 속의 소옥은 당나라 현종顯宗, 685~762의 애첩인 양귀비楊貴妃, 719~756의 몸종이다. 법연이 말한 소염시는 양귀비가 남의 눈을 속이고 안록산安祿山, ?~757 장군을 사모할 때 몸종의 이름을 부르는 것으로 정인情人에게 신호를 보내는 상황을 묘사했다. "소옥아, 물 좀 가져다오!", "소옥아, 어째 꽃이 져버렸구나!"……. 그녀가 소옥을 부르는 목적은 정인을 그리워하고 있음을 알아달라는 것이다. 이 시에서 정인들 사이의 교류는 언어를 통해 직접적으로 표현되지 않는다. 만약 사랑하는 '낭군'이 그녀가 정말로 원하는 게 물을 마시려는 것이라고 생각한다면 그 '낭군'은 그야말로 '멍청이'다.

화두는 깨우침의 모델로 삼으려는 문구

그런데 소염시가 불교의 도와 무슨 상관이 있단 말인가? 법연이 소염시를 언급한 뜻은 불교를 배우는 것과 의도가 맞닿아 있다. 보살의 가르침 그리고 선사들의 어록인 화두는 대개 수행자들 내면에 있는 불성을 환기한다. 그 진정한 뜻은 겉으로 드러나는 말에 있지 않다. 수행자가 말 속의 숨은 뜻을 알았을 때 바로 깨달음에 한 걸음 더 나아가게 되는 것이다.

질문을 던졌던 진제형은 법연의 말에 아리송했지만 옆에서 듣고 있던 극근은 심리적으로 자극을 받았다. 진제형이 떠난 뒤 극근은 법연선사에게 물었다.

"말씀하신 소염시에 대해 그분은 이해했을까요?"

법연선사의 대답이 이어졌다.

"내 목소리만 들었겠지."

극근이 다시 물었다.

"시에는 '다만 그이가 내 목소리를 알아주었으면'이라 했지요. 그러니 그분이 선사님의 목소리를 들었다면 그게 왜 잘못된 것입니까?"

바로 이 지점에서 극근이 생각지 못한 부분이 있다. 시에서 언급한 '목소리를 알아주다'라는 의미는 사실 언어 밖에 숨은 뜻을 알아달라는 의미다. 그러니 법연선사가 진제형이 '목소리만 들었다'고 지적한 본뜻은 바로 그가 글자의 표면적인 의미만 알았다는 것이다.

법연은 극근에게 다시 화두 하나를 던져 참고하도록 했다.

"달마가 서쪽에서 온 뜻이 무엇인가?"

선사들이 수행자들에게 제시하는 화두는 깨우침의 모델로 삼으려는 문구로 수행자로 하여금 스스로 생각하도록 유도한다. 선에 대한 깨달음은 정해진 규칙이 없기 때문에 화두도 각양각색이다.

법연이 국근에게 제시한 위 화두는 달마가 불법을 제자에게 전수한 이유가 무엇인지를 묻는 질문으로, 이 질문에 당나라 때의 선사인 조주는 이렇게 답했다.

"뜰 앞의 잣나무이니라."

《연등회요聯燈會要》제6권에 나오는 내용이다. 참으로 동문서답이
아닐 수 없다. 아마도 불법은 현재에 있기도 하고 과거에 있기도 하며,
달마가 서쪽에서 왔든 그렇지 않았든 그것은 별로 중요하지 않다는 뜻
일 것이다.

진정한 의미는 말에 있지 않다

극근은 문득 깨달은 바가 있어 급히 방을 나갔다. 문 밖으로 나가자
마침 닭 한 마리가 난간 위로 날아올라 날개를 퍼덕이며 우는 모습이
보였다. 극근은 혼자 중얼거렸다.

"이것이 어찌 소리가 아니란 말인가?"

그러면서 그는 법연이 소염시로 불법의 도리를 말하고자 했음을 깨
달았다. '닭 울음'은 분명 소리이기는 하지만 거기에는 말이 없다. '다만
그이가 내 목소리를 알아주었으면' 역시 '소리'이지만 진정한 의미는 말
에 있지 않았다. 불교 경전 역시 '소리'로 간주할 수 있으나 진정한 불
법은 말로 얻어지는 것이 아니다.

잠시 뒤 극근은 방으로 다시 들어와 법연선사에게 게송 한 편을 올
려 자신이 깊이 깨달았음을 알렸다. 스승이 소염시로 깨달음을 주었으
니 극근이 올린 게송 역시 소염시였다.

금오리향 타오르는 비단 장막 안에 가득하고

풍악에 빠졌다가 잔뜩 취해 돌아가네.

보게나, 젊은이의 각별한 풍류

같이 놀던 그이만이 홀로 알리라.

金鴨香銷錦繡帷   금압향소금수위

笙歌叢裡醉扶歸   생가총리취부귀

少年一段風流事   소년일단풍류사

只許佳人獨自知   지허가인독자지

이 시는 글 자체로만 보면 멋들어지고 화려하다. '금오리'는 도금된 오리 형상을 한 생활용기로 향기를 내뿜는다. 향기 가득한 비단 장막은 넋을 놓을 만한 아늑한 분위기를 암시한다. '풍류'는 통상 노래를 곁들인 연회나 무도회를 가리킨다. 하지만 여기에서는 연회에서 술에 취한 상황만을 의미하지 않는다. '젊은이'와 '같이 놀던 그이'가 장막에서 서로에게 깊이 빠져 있는 상황도 의미한다. 술이 취했던 상황에서 제정신으로 돌아와 깊이 생각해보니 그 당시의 상황은 당사자만 정확히 알고 있을 뿐 말로는 설명할 수도 없고 다른 사람들도 알 수가 없다. 극근은 이 시로써 깨달음의 경지를 나타냈다. 마음속 기쁨의 증명이었다. 이를 들은 법연선사는 극근이 깨달음을 얻었다고 판단하고 이렇게 말했다.

"부처님의 큰일은 근본이 되는 힘이 약하고 지혜가 변변치 못하면

능히 해낼 수 없다. 나는 그대의 기쁨을 도우리라."

가슴으로 깨달으면 머리가 환해진다

한편 《선림유취禪林類聚》 제5권에는 누자(樓子, 중국어로 층집이나 망루의 뜻을 지님-옮긴이)를 호로 사용하는 스님에 대한 일화가 기록되어 있다. 스님이 어느 날 길을 가다가 술집 앞을 지나는데 마침 대님이 풀어져 그 자리에 멈춰 서서 바로 묶었다. 이때 술집 2층에서 가녀歌女가 부르는 노래를 듣게 된다.

"그대가 무심하니 나도 쉬려오."

그 순간 스님은 문득 벼락처럼 큰 깨달음을 얻었다. 이때부터 '누자'를 자신의 호로 사용하게 되었다.

선종은 '개오開悟', 즉 문득 오는 깨달음을 주장하는데, 깨달음이 올 때의 느낌은 구름을 헤치고 해를 보는 듯 눈앞이 환해진다. 요즘 사람들에게 문득 깨닫는다는 이야기는 아마도 지나치게 단순하거나 돌발적인 것으로 느껴질 것이다. 물론 깨달음을 얻기 위해서는 오랜 시간 힘든 노력을 거쳐야 한다. 있는 힘을 다해 '어리석음세속의 지식과 욕망'의 속박에서 벗어나기 위해 노력해야 하고 고집을 버려야 하며 물아일치의 경지에 이르러야 한다. 심지어는 암담한 상황에서 궁지에 몰려 몸부림칠 수도 있고, 죽다 살아날 수도 있다. 그런 과정을 거친 뒤에야 문득 전혀 새로운 삶의 경지로 들어서는 것이다.

인연이 다했을 때 시원시원하게 내버려두지 못하면
모든 것들은 더욱 엉망으로 변하고 만다.
사랑도 끝이 있고 미움도 끝이 있는 법이다.

누자스님의 이야기는 단순하다. 순간만 있고 과정은 없다. 하지만 '그대가 무심하니 나도 쉬려오'라는 가사가 어떻게 해서 가르침의 기회나 인연이 될 수 있는지 직접 느끼게 해준다. 스님의 이야기는 바로 사랑에 대한 여인의 노래를 통해 이 세상의 모든 탐욕이나 분쟁을 내려놓고 더 이상 깊이 생각하지 말고 계산도 하지 말고 해석도 하지 말고 조금의 미련도 갖지 말아야 함을 알려주고 있다. 그것을 가슴으로 깨닫는다면 단박에 머리가 환해지게 된다.

누자스님의 이 고사는 후에 일부 선사들이 게송으로 적어 선기(禪機. 승려가 설법을 할 때 언행이나 사물을 통해 교의를 암시하는 비결—옮긴이)를 표현하기도 했다. 《선림유취(禪林類聚)》에 수록된 시 두 수를 감상해보자. 첫 번째는 자수심(慈受深) 선사의 시다.

누각에 올라 노래 부르니 말 속에 풍류 있으나
그대가 무심하니 나도 쉬려오.
노비에게 마음속 일을 말하니
평생의 깊은 애정이 쓸쓸해지누나.

唱歌樓上語風流	창가누상어풍류
你既無心我也休	니기무심아야휴
打著奴奴心裏事	타착노노심리사
平生恩愛冷啾啾	평생은애냉추추

이어서 보봉명寶峰明선사의 시다.

그대가 무심하니 나도 쉬려오.
이 몸은 기쁨도 근심도 없어
배고프면 밥 먹고 졸리면 잠을 자니
가르침을 좇아 낙화는 물 따라 흘러가네.

你既無心我亦休	니기무심아역휴
此身無喜亦無憂	차신무희역무우
饑來吃飯困來睡	기래흘반곤래수
花落從教逐水流	화락종교축수유

자수심은 송나라의 선사다. 보봉명에 대한 정보는 분명치가 않다. 다만 원나라 대덕大德 연간에 간행된 《선림유취》가 당나라에서 남송 말기에 이르는 명승들의 언행을 수록했기 때문에 아마도 그는 송나라 때의 사람일 가능성이 크다.

티베트의 6대 달라이 라마인 창앙가초倉央嘉措는 특별한 운명과 기이한 성격을 지닌 사람이었다. 그는 시와 풍류를 즐기는 자유사상가로 몽골에 의해서 포탈라 궁에서 쫓겨나고 지위도 박탈당했다. 그가 남긴 수십여 수의 사랑 노래는 티베트에서 크게 유행했고 후에 중국어로 번역되면서 애호가들이 꽤 많이 생겼다. 그의 사랑 노래는 불교적 색채가 강하다. 여기에서 그 하나를 살펴보면 앞에서 언급했던 내용의 보충 설명이 가능할 것이다.

꽃 피는 시절은 이미 지나가버렸는데
소나무, 바위 그리고 별은 슬퍼하지 않는구나.
사랑하는 임과의 인연이 다할 때
나도 더 이상 슬퍼하지 않으리.

불교에서는 인연을 따르라고 말한다. 사랑이 변하고 생사가 순환하고 끝없는 어둠 속에 있는 와중에도 누군가는 어디선가 새로운 희망의 씨앗을 심고 있을지도 모른다. 이러한 인연도 뿔뿔이 흩어지게 되는 날이 분명히 올 것이고 이를 불교에서는 외로움 혹은 소멸이라 했다. 아무리 붙잡으려 해도 붙잡을 수 없는 것을 속박의 형식으로 얽어맨들, 자신과 사랑하는 사람을 꼭 얽어매고자 한들 무슨 소용이 있을까? 쓸데없이 자신의 마음을 묶어두다가 무기력하게 말라 죽어 가느니 모든 것을 바람 따라 흩어지게 하는 것이 나을 것이다. 그것이 바로 '나도 더 이상 슬퍼하지 않으리' 아니겠는가.

남녀 간의 정은 곧 깨달음의 계기

이런 시는 연가로 생각하고 읽을 수도 있고 불교 철학으로 이해할 수도 있다. 후자의 측면에서 본다면 시가 말하고자 한 바는 인연이 다했을 때 시원시원하게 내버려두지 못하면 모든 것들은 더욱 엉망으로 변하고 만다는 것이다. 사랑도 끝이 있고 미움도 끝이 있는 법이다. 사랑할 수 없을 때가 되면 그 사랑은 더 이상 사랑이 아니게 되고, 미워하는 상황이 지나가면 더 이상 미움도 없다. 고집스럽게 사랑과 미움에만 매달리지 않는다면 삶의 기운이 넘칠 것이다.

선자들이 염정시로 선의 세계를 표현한 것을 표면적으로 보면 아주 오묘하고 기민한 창작력만 느껴질 수 있다. 하지만 선자들의 염정시는 사실은 남녀 간의 정에 대한 관심을 표현한 것이다. 깨달음은 생명에 대한 철저한 이해다. 남녀 간의 정은 가장 강렬한 인간의 욕망으로 생명의 본질을 이해하는 데 아주 중요한 요소이다.

수행하는 이들에게 최대의 장애물은 정에 대한 미련일 것이다. 그래서 일찍이 불경에는 정욕의 유혹에 관한 적잖은 이야기가 실려 있다. 불교에서는 '색즉시공色卽是空'이라는 문구를 자주 사용한다. 형태와 색깔, 색물질적 존재의 본성은 공허하다는 의미다. 본래 '색'은 일반적으로 모양을 지닌 물체를 지칭한다. 여색이나 색정적인 것들을 특별히 지칭하지는 않는다. 하지만 여색이나 색정은 사실 사람에게 지대한 영향을 끼치는 것들이다. 때문에 좁은 의미에서 '즉색오공卽色悟空, 즉 색을 통해 공을 깨닫는다'는 식으로 깨달음의 경로가 되기도 한다.

명나라 때의 문학가이자 화가인 서위徐渭, 1521~1593는 걸작 《옥선사 취향일몽玉禪師翠鄕一夢》을 지었다. 남송의 도읍지였던 임안臨安, 현재의 저장성 항저우-옮긴이)의 고승인 옥통玉通이 '색을 통해 공을 깨닫는다'는 이야기다. 옥통선사는 덕행이 고상하고 학문이 깊었다. 하지만 수행한지 수십여 년이 지나도록 득도하지 못했다. 그러던 중 새로 부임한 부윤(府尹, 부府의 우두머리-옮긴이) 유선교柳宣教의 부임 인사를 거부하면서 유부윤이 보낸 기녀 홍련紅蓮의 유혹을 받게 된다. 옥통은 홍련의 유혹에 자신을 지키지 못하고 순식간에 욕정의 경계가 무너지면서 파계하고는 숨이 막혀 죽고 말았다. 옥통은 그 뒤 유 씨 가문의 딸로 환생했다. 이름은 유취柳翠였는데 기녀가 되어 유 씨 가문의 명성을 무너뜨렸다. 유선교에게 보복을 한 것이다. 그런 뒤 전생에서 자신의 사형이었던 월명스님을 만나 전생과 현세의 인과관계를 전해 듣고 옥통, 즉 유취는 문득 깨닫고 득도하게 된다.

서위가 쓴 희곡 〈옥선사취향일몽〉은 함축하고 있는 뜻이 매우 풍부한 작품이다. 금욕의 방식으로 고행을 해야 성취를 이룰 수 있을 것 같지만 그런 방식으로는 결코 깨달음을 얻을 수 없다는 것을 시사하고 있다. 또한 정욕과 원한은 엄청난 파장을 일으키는 심리적 상태로 일단 그런 정서가 발동하면 옥통 같은 고승이 수십 년 동안 쌓아 올린 수행도 산산조각이 나면서 비극적 순환에 빠지게 된다는 것을 보여준다.

하지만 바꿔 생각해보면 이러한 경험은 깨달음의 계기가 될 수도 있다. 아직 도달하지 못한 초월의 경지가 얼마나 피동적이고 허망한지를 진심으로 깨닫게 해준다. 또한 이러한 경험은 참혹한 실패를 통해 세상에 대한 욕망과 원한이 일으키는 소란에서 벗어나도록 타이른다.

진흙이 없으면 연꽃이 어찌 피겠는가

위 작품에 등장한 월명스님이 한 말은 곰곰이 되새겨볼 만하다. "우리가 불도에 이르는 길은 무엇일 것 같은가? 그것은 연잎 위의 이슬처럼 스며들기도 하고 스며들지 않기도 한 그런 것이다. 연잎 아래의 진흙 속 연뿌리처럼 더럽지 않으면서 또한 더러운 그런 것이니라."

'불문'의 맑음은 일상생활과 떨어질 수 없는 것으로 생활 속에 깊이 뿌리내리고 있다는 뜻이다. 최소한 서위 같은 사람의 입장에서 선은 단지 금욕만을 의미하지 않으며 욕망에 대한 초월을 추구하는 것임을 알 수 있다. 결국 사람은 욕정 속에서 살면서도 욕정보다 좀 더 높은 마음의 경지로 올라가야 한다는 것이다.

불교는 연꽃으로 상징하기를 즐긴다. 석가모니가 룸비니 동산에서 태어나 동서남북으로 일곱 발자국씩 걸을 때마다 땅에서 연꽃이 솟아올라 석가모니를 떠받든 순간부터 연꽃은 불교의 꽃이 되었다. 우리는 석가모니와 관음보살 조각상이 연화대 위에 앉아 있는 모습을 심심찮게 볼 수 있다. 상징적 의미에서 이것은 불교의 영원불멸의 진리를 표현한다. 세속에 있으나 세속의 때에 더럽혀지지 말고 본래의 성품을 계발하고 외부의 힘에 휘둘리지 말라는 것이다. 서위의 작품 속에서 옥통 선사가 계율을 어기도록 한 기녀의 이름은 '홍련', 즉 붉은 연꽃이다. 〈옥선사취향일몽〉도 이렇게 선기禪機를 내포하고 있다. 연꽃은 '진흙에서 피지만 오염되지 않는다'는 말에서 사람들은 대개 '오염되지 않음'에 집중하는 경향이 있다. 사실 진흙도 매우 중요한 의미를 지니고 있는데 말이다. 진흙이 없으면 연꽃이 어찌 피겠는가.

진정한 나는
누구인가?

개오시 한 수를 더 살펴보려고 한다. 시의 저자
는 동산 양개洞山良价, 807~869다. 동산 양개는 당나라의 월주越州 회계
會稽 사람으로 불교를 공부하면서 수많은 고승들을 만났다. 그러다 마
지막으로 위산 영우潙山靈佑, 771~853선사의 지시로 운암 담성雲巖曇晟,
782~841을 찾아가 '무정설법無情說法, 인간만이 설법하는 것이 아니라 산천초목도 설
법한다는 의미─옮긴이)'의 뜻에 대해 물었다. 그런 뒤 돌아갈 때 강을 건너다
물속에 비친 그림자를 보고는 문득 무정설법의 뜻을 깨닫는다. 여기에
서《경덕전등록景德傳燈錄》제15권에 수록된 개오시가 만들어졌다.

부디 남에게서 구하지 말라.

그럴수록 나와는 소원해질 것이니

나 이제 홀로 가지만

곳곳에서 그 분을 만나리라.

그는 바로 지금의 나이나

나는 지금의 그가 아니로다.

모름지기 이렇게 깨달아야

비로소 부처와 하나가 되리라.

切忌從他覓	절기종타멱
迢迢與我疎	초초여아소
我今獨自往	아금독자왕
處處得逢渠	처처득봉거
渠今正是我	거금정시아
我今不是渠	아금불시거
應須恁麼會	응수임마회
方得契如如	방득계여여

선승의 개오시가 보이는 풍격風格은 제각각이다. 대부분은 앞에서 언급한 당나라의 무명 비구니가 지은 〈심춘〉과 송나라 원오 극근이 지은 소염시처럼 상징적 기법을 사용하고 형상성이 대단히 강하며 시적 정취가 농후하다.

그런데 동산 양개의 이 시는 상당히 순박하고 단도직입적으로 이치를 설명하고 있다. 시로 읽기에는 부족한 감이 있지만 함축하고 있는

우리가 평상시 '나'로 간주하는 그것은
그림자일 뿐 진짜 나는 아니다.
그림자는 조건에 따라 생기고 조건에 따라 변하는 허상이다.
그림자는 진실성이 없어 내가 아닌 것이다.
그렇다면 진정한 나는 누구인가?

철학적 특성이 워낙 강해 자세히 음미해볼 만하다.

진정한 나는 누구인가?

이 시의 처음 두 구는 마음 밖에서 참된 지식을 찾고 '깨달음'의 방법을 구하면 결과는 늘 점차 원하는 바에서 멀어질 것이고 진면목을 찾기도 힘들 것이라고 말한다. 불교에서 늘 강조하는 기본 이치다. 하지만 선종의 입장에서 보자면 이런 이치는 그저 이치로 그쳐서는 안 되고 절실한 경험과 특별한 인연이 필요하다. 그래야 깊은 감동을 받고 어느새 깨달음의 경지에 이를 수 있게 된다.

핵심은 뒷부분에 있다. 동산선사는 수면 위에 비친 자신의 그림자를 보고 그림자는 나이지만 나는 그 그림자가 결코 아니라고 한다. 그림자는 순전히 나에 의지해 존재하는 것이기에 어디에서건 나를 따르니 내가 아니라고 할 수는 없다. 하지만 그림자는 조건에 의해 변화하고 없어졌다가 다시 드러나며 길어졌다가 짧아지는 허상이다. 그림자 자체는 진실성이 없어 내가 아닌 것이다. 즉 나는 진실로 그 분_{시에 등장}하는 '거渠가 곧 '그 분'임이라 할 수 없다는 것이다.

이어서 뒷부분에 더욱 깊은 의미가 드러난다. 우리가 평상시 '나'로 간주하는 것이 결국에는 그림자일 뿐이지 진짜 나는 아니다. 그림자는 조건에 따라 존재하고 조건에 따라 변한다. 가령 누군가 어려서부터 괴롭힘을 당하면서 성장해 다른 사람에 대해 근거 없이 의심하고 미움

156

을 갖는다고 치자. 그는 남을 근거 없이 의심하고 미워하는 주체가 바로 '나'라고 생각할 것이다. 하지만 본질적으로 그러한 '나'는 그저 그가 괴롭힘을 당했던 경험이 낳은 결과일 뿐이다. 또 다른 예로 부유한 가정에서 성장해 남에게 늘 칭찬을 받는 데 익숙한 사람이 있다고 치자. 그는 칭찬받는 것이 '내'가 태어나면서부터 매우 뛰어났기 때문이라 여길 것이다. 하지만 사실은 부유한 집안이라는 환경의 작용으로 그렇게 됐을 뿐이다.

그렇다면 진정한 나는 무엇인가? 바로 외부의 조건에 영향을 받지 않은 생명의 본질이고, 불성이 '나' 자체에 구체적으로 드러난 것이다. 하지만 그 본질을 혼자서 찾아낸다는 것은 쉬운 일이 아니다. 어떤 특별한 방식으로 존재하는 것이 아니고 조건에 따라 변화하는 '나' 가운데 존재하기 때문이다.

물속 그림자의 설법

중국의 저명한 한학자인 난화이진南懷瑾, 1918~2012이 동산선사의 이 시를 언급한 적이 있다. 그가 한 말 중 불성과 마음, 모양과의 관계에 대한 설명이 꽤 명료해 주의 깊게 살펴보고자 한다.

그는 이렇게 말했다.

"불성은 비록 모든 사물에 존재하기는 하나 직관적으로 인식하고 파악할 수 있는 실체가 없다. 때문에 본성과 형태가 어떻게 쓰이는지 살펴봐야만 한다. 본성과 형태의 관계와 작용 속에서 비로소 불성을 깨달을 수 있다. 만약 마음의 본성이 없다면 본성과 형태를 구성할 수 없고, 마음의 형태가 없다면 역시 마음의 본성도 밝게 드러날 수 없다."

이런 말도 했다.

"본성과 형태의 관계는 물로 비유할 수 있다. 우리는 물이 습성을 지니고 있음을 알고 있다. 공기 중에서 잘 마르지 않고 젖어 있는 그 속성으로 인해 맑든 흐리든, 고체나 액체나 기체이든, 정지해있든 흐르든지 간에 물의 겉모습이나 형태는 무궁무진한 변화를 보여준다. 하지만 물의 습성은 지금껏 변한 적이 없다. 습성이 없다면 물결이 있을 수 없고, 물결이 없다면 습성은 드러나지 않는다. 습성을 벗어나면 물이라 할 수 없고 물을 떠나면 결국 습성도 있을 수 없다. 따라서 물결은 곧 물이라 말할 수 있다는 바로 지금의 나이다. 왜냐하면 물결은 물로 인해 생기기 때문이다. 하지만 물이 반드시 물결이라 할 수는 없다나는 지금의 그가 아니로다. 물결은 외관상 얼음, 서리, 눈, 안개와 다르기 때문에 물이 만약 물결이면 물은 얼음이 아니어야 하고 얼음은 서리여서는 안 되는 것이다."

동산은 강물 속의 그림자에서 '나'는 진짜 나일 수도 있고 또 아닐 수도 있다는 이치를 깨달았다. 이것이 '무정설법'과 무슨 관계란 말인가? 감정이 없는 물질은 물론 '설법'을 할 수 없지만 깨달음의 기회를 줄 수는 있다. 물속의 그림자는 감정이 없지만 만약 이를 통해 깨달음을 얻었다면 그림자가 '설법'을 한 것과 무엇이 다른가?

'모름지기 이렇게 깨달아야, 비로소 부처와 하나가 되리라.' 이것을 이해해야 평상시에 집착과 번뇌를 일삼는 심신에서 벗어날 수 있고 영원불멸의 진리와 통할 수 있다. 이것이 바로 깨달음이다.

수많은 삶의 곡절을
누구에게 말할 수 있을까

절의 풍경과 스님의 생활, 이 두 가지가 자아내는 분위기는 시인들이 선의 정취를 표현해내는 아주 좋은 소재다. 한편 이렇게 표현된 시가에 자주 등장하는 이미지가 바로 연못과 종소리다. 이 이미지들은 특별한 표현력이 있는 듯하다. 유명한 시 몇 편을 음미해보자.

먼저 상건常建, 708~765의 〈파산사후선원破山寺後禪院〉을 보자.

맑은 새벽 옛 절에 찾아드니

아침 햇살이 높은 숲을 비춘다.

굽은 길은 깊숙한 곳으로 통하고

선방엔 꽃과 나무들 우거졌다.

산빛에 새들은 기뻐하고

연못에 비친 그림자 사람의 마음을 비운다.

삼라만상이 모두 고요한 지금

다만 종소리만 남아 들려온다.

淸晨入古寺	청신입고사
初日照高林	초일조고림
曲徑通幽處	곡경통유처
禪房花木深	선방화목심
山光悅鳥性	산광열조성
潭影空人心	담영공인심
萬籟此俱寂	만뢰차구적
但餘鐘磬音	단여종경음

상건은 성당盛唐 시대의 시인으로 그 당시에는 상당히 이름 있는 시인 중 하나였다. 당나라 사람 은번殷璠이 엮은 《하악영령집河岳英靈集》은 당나라 때의 대표적인 시를 선정해 놓았는데 그 첫 번째 시인이 상건이고 첫 번째 시가 위의 시다.

시의 제목 중 '파산'은 지금의 장쑤성江蘇省 창수시常熟市의 위산虞山으로 파산사의 본래 명칭은 흥복사興福寺다. 남제(南齊, 479~502년에 있었던 남조南朝의 하나—옮긴이) 시대에 증축되기 시작해 상건이 이 시를 지은 시점에는 이미 300여 년의 역사가 흘렀으니 그야말로 고적古蹟이 아닐 수 없다.

　시의 앞 두 구는 여행의 시간과 장소를 밝히고 오래된 절의 경치를 간략히 묘사했다. 이와 같은 묘사법은 읽는 이에게 친밀감과 편안함을 안겨준다. 시인을 따라 자신도 모르게 여행의 발자취를 따르게 한다. 사실 위의 두 구는 한 부분도 소홀함이 없다. '옛 절'이라는 곳은 구체적인 장소이면서 시가에 자주 사용되는 이미지다. 통상 옛 절이 주는 이미지는 엄숙하고 장엄하다. 그래서 대개 시인들은 이 이미지와 해질 무렵의 경치를 결합하곤 한다.

　하지만 상건은 '아침 햇살이 높은 숲을 비추는' 배경을 선택했다. 태양이 막 떠오를 때 눈부신 빛이 숲을 비추면서 숲 속의 옛 절은 고요하면서도 아름답게 돋보인다. 그야말로 감동적인 정경이다. 한편 시간적 의미를 표시하는 '고古'와 '초初' 역시 절묘하게 결합되어 흥미를 더한다. 절은 오래되었고 불법은 영원한데 그 오래됨과 영원함이 시 속에서 순간순간에 생동감 있게 체현되고 있다.

　자연에서 가르침을 얻어
　일상의 번뇌를 내려놓고 깨달음을 얻다

　이른 아침 옛 절을 찾았을 때 시인의 눈에 포착된 것은 무엇이었을까? 절의 문, 종루, 정전正殿, 전전前殿 그리고 건축 중인 벽화, 불상 등 절에 반드시 있어야 할 것들이었을 것이다. 하지만 시인은 일상적인 소재들을 전혀 언급하지 않았다. 이 대목에서 〈파산사후선원〉이라는 이 시의 제목에 주목할 필요가 있다. 원래 시인이 쓰려고 한 것은 '파산사'가 아니라 바로 절 뒤편에 자리한 '선원'인 것이다.

선종은 우상숭배를 배척하고 심지어는 경전마저 중시하지 않았다. 내면의 해탈을 첫 번째 위치에 놓았고 특히 일상생활이나 대자연에서 가르침을 얻어 깨달음을 얻는 계기로 삼는 데 의의를 두었다. 그런 관점에서 상건이 이 시에서 진정으로 표현하고자 하는 바는 '선의 뜻'이기 때문에 고찰에 들어섰지만 절 자체에 무심할 수 있었다.

시인의 발걸음을 따라 숲 속에 난 구불구불 오솔길을 지나 절의 후원으로 들어서면 그곳에 자리 잡고 있는 선방이 보인다. 스님들이 고요히 수행하는 곳으로 꽃과 나무가 빽빽하게 선방을 에워싸고 있다. 앞에서 이 시의 시간적 배경이 아침 햇살이 맑게 비추는 새벽임을 밝혔다. 그 시각 이슬을 머금은 꽃이 얼마나 신선하고 청결하겠는가!

'굽은 길은 깊숙한 곳으로 통하고, 선방엔 꽃과 나무들 우거졌다'라는 구절은 단순한 서술로 느껴진다. 하지만 시는 서술에 의지하지 않고 예술적 정취를 만들어냄으로써 더욱 풍부하고 은유적인 암시를 할 수 있어야 한다. 이런 점을 독자가 먼저 알고 있어야만 시를 읽으면서 시적 정취의 창조에 참여할 수 있다. 구불구불한 숲 속 오솔길로부터 꽃과 나무가 우거진 후원 선방으로 이어지는 경치는 계속해서 변화를 보인다. 이는 자연의 아름다움과 고요함을 묘사할 뿐 아니라 소음으로부터 거리를 두고 쉽게 모습을 드러내지 않는 특징을 지닌 선원을 그려내고 있다. 이 발걸음 자체가 시인이 내면을 발견하고 정신적으로 깨달음을 얻을 곳을 찾는 과정이라고 이해해도 좋을 것 같다.

'산빛에 새들은 기뻐하고, 연못에 비친 그림자 사람의 마음을 비운다'는 앞의 한 연과 함께 사람들 사이에 널리 회자되고 있는 명구다. 하지만 서법敍法이 다르다. 이 구절은 경치를 묘사하면서 보다 직접적이고 명확하게 시인의 주관적 감흥을 개입시켰다. 철학적 정취가 충만한 서법으로 '선의 의미'를 드러내고 있다고 할 수 있다. 숲의 경치는 아름답고 새들은 평화롭게 지저귄다. 전혀 다른 숲의 두 현상이지만 '산빛에 새들은 기뻐하고'는 이 두 현상을 결합시켰다. 그러면서 아름다운 자연이 작은 새에게 감동을 주어 희열감을 느끼도록 했음을 강조하고 있다. 깨달음과 발견을 함축하고 있는 것이다.

우리가 소란스러운 세상에서 벗어나 일상의 번뇌를 내려놓고 아름다운 자연 속으로 깊이 빠져들이 만물의 자연스러움에 젖어들면서 느끼는 기쁨이 이렇게 생겨나는 것이다. 이때 새의 지저귐은 시인에게 자신들의 기쁨을 전달하는 듯하다. 사람과 자연이 서로 융합되면서 자연은 생동감 넘치는 모습으로 스스로를 드러내고 있는 것이다.

프랑스의 시인 아르튀르 랭보Jean-Arthur Rimbaud, 1854~1891는 〈새벽〉이라는 제목의 짧은 시에 이렇게 적었다.

그 오솔길에서 내가 본 첫 번째 좋은 일은 나에게 자신의 이름을 말해주는 한 송이 꽃이었다.

상건의 〈파산사후선원〉과 매우 비슷한 감성을 지닌 시다. 자연을 아끼는 사람만이 자연 속에서 사랑을 느낄 수 있고 자연과 신비한 언어를 공유할 수 있다.

'연못에 비친 그림자'는 또 어떻게 '사람의 마음을 비울' 수 있을까? 간단하게 설명하면 이렇다. 산속의 연못은 맑고 투명하고 고요하다. 그런 연못이 내적 모방을 촉진해 사람의 마음을 점점 고요의 상태로 들어가게 한 것이다. 좀 더 깊은 측면에서 설명하면 위의 구절은 불교의 이치에서 말하는 적조혜(寂照慧, 수행의 궁극에 이르러 도달하는 최고의 깨달음—옮긴이)의 상징적 표현이다. 《대승무생방편문大乘無生方便門》에서는 '寂照照寂. 寂照者, 因性起相. 照寂者, 攝相歸性적조조적. 적조자, 인성기상. 조적자, 섭상귀성'이라 했다. 이 문구를 간략히 해석하면 이렇다. 불교 철학을 이해할 때 진리의 본체는 공적空寂, 즉 일체가 멸한 고요함이며 이는 곧 지혜이고 사물을 관조할 수 있는 역할을 한다.

물을 예로 들어보자. 물이 오염되고 요동치면 외부의 형상을 제대로 투영할 수 없다. 사람의 마음도 이와 같다. 마음에 번뇌와 욕망이 가득하면 불안하고 안정되지 못해 사물의 진면목을 통찰할 수 없다. 여기서 '적조'가 곧 '조적'이라는 것은 고요한 마음이 만물의 고요한 본질을 비춰볼 수 있다는 뜻이다. 세상에 존재하지만 연못에 비치는 구름과 빛, 산 그림자처럼 결국에는 허상이 될 수많은 것들이 있다. 이런 것들은 만물의 본질에 대해 다시 한 번 생각할 수 있도록 도와준다.

〈파산사후선원〉은 연못에 거꾸로 비친 그림자로 '적조'를 비유했다.

시에 자주 등장하는 묘사법이다. 향암 지한香岩智閑선사의 〈적조송寂照頌〉에는 이렇게 묘사되어 있다. '움직이지 않으니 늘 만사가 편안하고, 고요한 연못은 저 밑까지 흘러본 적 없다.' 독고급獨孤及,725~777의 〈제옥담題玉潭〉에서는 '적조심에 이르러서야 깊고 넓을 수 있다'라고 했다. 하지만 상건은 이러한 불교 철학적 개념을 직접적으로 시에 묘사하지 않았다. 시가의 정취를 유지하기 위한 아주 중요한 조치였다. 입 밖으로 꺼내버리면 그 이치가 중심이 되어 결국 아무런 정취도 남지 않기 때문이다.

마지막은 종소리다. '삼라만상이 모두 고요한 지금, 오직 종소리만 남아 들려온다.' 앞에서는 새의 지저귐을 말했는데 이제는 모든 소리가 사라져버렸다. 어떻게 이런 상황이 된 것일까? 이것은 시인이 느낀 심리적 감동을 표현한 것이다. 마음이 침묵의 상태로 접어들면 주변이 매우 안정적으로 변한 듯 느껴진다. 이때 종소리와 경쇠 소리가 은은하게 들려오면서 온 세상에 퍼진다. 종소리와 경쇠 소리를 동시에 언급했지만 핵심은 종소리다. 절의 종소리는 낮고 힘차며 온화해 저 멀리까지 퍼질 수 있다. '고요'를 파괴하지 않는 '움직임'이다. 사람을 침묵에서 깨어나게 하고 만물에 대한 신선한 느낌을 지속하게 한다. 점차 확산돼 마치 온 세상을 포용하여 하나로 만드는 듯하다. 종소리는 무엇을 말하고 있는가? 아무 말도 하지 않는, 그저 하나의 소리일 뿐 의미를 만들어내는 부호가 아니다. 하지만 그러면서도 또 모든 것을 말하는 듯하다.

아득히 들려오는 저녁 종소리의 그윽함

이어서 유장경劉長卿, 725?~791?의 시 〈송영철상인送靈澈上人〉을 감상해
보자.

질푸른 숲 속 죽림사
아득히 들려오는 저녁 종소리
삿갓 등에 메고 석양빛 받으며
머나먼 청산으로 홀로 돌아가는구나.

蒼蒼竹林寺   창창죽림사

杳杳鐘聲晚   묘묘종성만

荷笠帶斜陽   하립대사양

靑山獨歸遠   청산독귀원

유장경은 성당 시대에서 중당 시대로 진입할 때의 시인으로 안사의
난을 겪었다. 한때 지금의 장쑤성 일대에서 살았는데 불교에 심취해
스님들과 교분을 나누곤 했다. '상인'은 스님을 높여 부르는 말이다. 그
러므로 이 시의 제목은 '영철 큰스님을 보내며'라고 풀이할 수 있다. 시
인 권덕여權德輿, 759~818가 지은 〈송영철상인귀옥주서送靈澈上人歸沃洲序〉
에는 영철스님의 사람됨을 다음과 같이 묘사하고 있다. '마음이 깊으

면서 비어 있고 늘 고요 속으로 깊숙이 들어가 수만 가지 걱정을 깨끗이 씻어낸다.' 그야말로 속세를 초탈한 큰스님이었던 모양이다.

이 짧은 오언절구는 시인과 영철스님의 이별을 묘사하면서 스님이 죽림사로 돌아가는 상황을 눈으로 뒤쫓고 있다. 이 시는 배경에 대한 설명은 없고 단순한 이미지를 통해 시인의 마음을 그려내고 있다. 유장경은 이 시를 통해 석별의 정을 묘사하려는 게 아니고 영철스님의 정신적 기상을 묘사하여 정신적 경지에 대한 자기 내면의 갈망을 드러내려 하였다. 시에 등장하는 장면은 영철스님에 대한 묘사인 동시에 시인의 간절한 마음을 외적으로 표현한 것이다.

시에서 이미지는 그저 빌려 쓰는 용도에 불과하다. 시와 그림은 결국 다른 존재이기 때문이다. 시에 등장하는 장면이 변화의 과정에 있고, 대개 비시각적 요소를 개입시키는 특징으로 봤을 때 시의 이미지는 영화의 렌즈와 유사하다. 시의 첫 번째 구 '짙푸른 숲 속 죽림사'는 멀리서부터 절을 출현시킨다. '죽림'은 곧 절의 명칭이자 절을 둘러싸고 있는 대나무 숲 자체를 의미한다. '짙푸른 숲 속'은 어두운 빛과 먼 거리로 인해 생겨난 죽림의 검푸른 빛깔을 묘사한 것이다. 뒤이어 '아득히 들려오는 저녁 종소리'는 시점을 명확히 표현함과 동시에 소리와 이미지의 결합을 이용해 특별한 분위기를 연출해낸다. '아득히'는 멀리서 전해져오는 은은한 소리를 묘사하고 있다. 단순히 시의 제목이 지닌 의미로만 해석한다면 이 두 구는 영철스님이 나타난 장소와 시간대를 설명하고 있다. 하지만 시 속의 문구가 생활에서 발생하는 사건을 그 밤에 그는 어떤 이유로 배를 정박했을까?

혹시 미래를 위해 고향을 떠나 분주한 인생행로를 걷고 있었던 것은 아닐까?

인생에는 늘 수많은 곡절들이 있다.

인생 도처에 널려 있는 그 곡절을 그 누구에게 말할 수 있을까.

기술하는 역할만 한다면 그것은 시가 아니다. 음미해야 할 것은 이 두 구가 묘사하는 장면이 풍기는 분위기다.

해질 무렵 저 멀리 짙푸른 대나무 숲에 가려진 절은 공중에 부유하는 종소리로 가득 채워져 있다. 이 시는 불교 신사들이 추구하는 침착과 고요의 정신적 정취를 이런 방식으로 독자의 마음에 전하고 있다.

상건은 파산사의 종소리가 새벽에 울린다고 썼는데 이 시에 나오는 죽림사의 종소리는 황혼에 울렸다. 황혼의 종소리는 광활하고 아득한 자연에 그윽한 정취를 심어준다.

계속해서 영화의 렌즈로 비유해보자면 세 번째 구인 '삿갓 등에 메고 석양빛 받으며'는 렌즈로 원경과 전경을 한데 모아 근경으로 변화시켜 화면의 중심 위치에 주인공의 이미지를 부각시키는 듯하다. 그리고 앞의 두 구에서 묘사했던 경치는 이 순간 주인공의 배경이 된다. 주목할 것은 석양빛이 영철스님이 등에 진 삿갓을 비추는 상황이다. 스님의 뒷모습을 생동감 넘치게 묘사해 '렌즈'와 대상의 시각적 관계를 확립함과 동시에 주인공의 뒷모습이 화면에서 가장 중심적인 부분을 차지하게 한 것이다. 결국 그저 단순한 구절로 보였는데 시각적 효과는 가장 강렬하다. 한편 이어지는 마지막 구인 '머나먼 청산으로 홀로 돌아가는구나'는 앞서 묘사한 배경에 동작을 더했다. 삿갓을 등에 멘 스님이 석양빛을 받으면서 저 멀리 청산을 향함과 동시에 청산 아래의 오래된 절로 걸어가는 듯이 보인다. 하지만 또 다른 의미에서 스님은 깊고 그윽한 세상의 어느 곳을 향해 걸어간다고 말할 수도 있다. 시 속의 스님은 시인과 함께 현실을 살아가는 인물이면서 시인의 상상 속 고결하고 심원한 인생정신의 상징이기 때문이다.

불안이 시인의 마음속으로 들어가 종소리로 표현되다

당시에 절의 종소리를 묘사한 작품이 또 있는데 바로 장계張繼, ?~779의 〈풍교야박楓橋夜泊〉이 그렇다. '풍교에서 밤에 배를 대다'라는 제목의 이 시는 대중에게 널리 알려진 시다.

달 지고 까마귀 울고 하늘엔 찬 서리 가득한데
강가의 단풍과 어선의 불빛 바라보며 시름 속에 잠 못 드네.
고소성 저 멀리 한산사에서 울리는
깊은 밤 종소리가 객선에까지 들려오네.

月落烏啼霜滿天   월락오제상만천
江楓漁火對愁眠   강풍어화대수면
姑蘇城外寒山寺   고소성외한산사
夜半鐘聲到客船   야반종성도객선

장계에 대한 기록은 찾아보기 어렵다. 대체로 천보天寶 12년753년에 진사進士로 임명되어 중급 관직을 맡은 것으로 알려져 있다. 그는 유

172

장경과 거의 비슷한 시기에 살았으며 실제로 두 사람은 가까운 벗이었다. 유장경이 그에게 도망시(悼亡詩, 아내의 죽음을 슬퍼하여 지은 시─옮긴이)를 지어준 적도 있다. 그가 남긴 작품으로 봤을 때 지금의 장쑤성과 저장성 일대 여러 곳을 돌아다닌 적이 있었던 것 같다. 〈풍교야박〉은 그때 지은 작품이 틀림없다.

타이완의 작가 장샤오펑張曉風, 1941~현재은 자신의 산문 〈영원한 불면〉에서 이렇게 말했다.

"이 시는 장계가 과거에 낙방해 고향으로 돌아가던 도중 배 안에서 지은 글이라고 하는데 그것은 아무 근거가 없는 추측일 뿐이다. 당나라의 선비들은 고향을 떠나 세상을 유람할 때 단순히 경치를 감상한 것이 아니라 생계와 관련한 고민을 많이 했다. 그렇기 때문에 쉽게 심신의 피로를 느꼈을 것이다."

장샤오펑의 이러한 추측은 시가의 정서와 들어맞는 부분이 있다. 시의 첫머리는 슬프고 스산한 늦가을 정경을 묘사했다. '달 지고'는 밤이 이미 깊었음을 암시함과 동시에 여행자가 홀로 배에 앉아 오랫동안 달을 바라보았음을 연상케 한다. 고시는 달을 이용해 고향을 그리워하는 마음을 표현하곤 한다.

이백이 남긴 유명한 구절을 함께 살펴보자.

고개 들어 산에 걸린 달을 바라보고
고개 숙여 고향을 생각하네.

擧頭望明月　　　거두망명월

低頭思故鄕　　　저두사고향

　그렇다면 장계는 그 새벽녘에 어떤 이유로 고향의 산천과 가족을 그리워했을까? '까마귀 울고'에서 깊은 밤 까마귀 소리는 불안한 소리다. 새벽녘에 까마귀는 왜 울었을까? 까마귀를 편안히 쉬지 못하게 한 것은 무엇이었을까? 이런 불안한 감정과 상황이 시인의 마음속으로 전이돼 시는 고독한 정서가 한층 강화되었다.

　'하늘엔 찬 서리 가득한데'는 하늘에 가득한 한기가 사람에게 침습해 들어갔음을 묘사했다. 본래 서리는 기온이 낮은 상황에서 수증기가 지면에 닿아 매우 작은 얼음으로 만들어진 결정체로 공중에 생기지 않는다. 하지만 시인은 공중의 한기와 지면의 흰 서리를 하나의 대상으로 간주해 서리가 마치 처음에는 공중에 떠돌아다니다가 나중에 서서히 지면으로 떨어지는 것처럼 느끼게 했다. 첫 번째 시구에는 세 가지 이미지가 같이 열거되어 드러나고 있다.

　사실 세 가지는 친밀한 연관관계가 있다. 시각, 청각, 촉각이 서로 결합된 것이다. 뿐만 아니라 정서적으로 점차 강화되는 힘이 있다. 시인은 자신이 느끼는 고독과 향수를 시에 직접 쓰지 않고 다만 경치를 통해 정서를 아주 적절히 묘사하고 전달했다.

174

그는 왜 고독하게 세상을 떠돌다가
새벽녘에 배를 정박했을까?

  첫 번째 구에서 묘사한 풍경은 큰 범위에서 시작했고 두 번째 구는
시각을 변화시켜 가까운 곳의 풍경을 보여준다. '밤 호수'와 더욱 직접
적 관련을 맺고 있는 소재와 결합시킨 것이다. 강가의 단풍나무와 어
선의 등불이 바로 그것이다. 한밤중 단풍나무의 색채는 쉽게 드러나
지 않지만 시적으로 설명하면 다채로운 붉은 잎을 연상시킨다. 그런가
하면 깊은 밤 도드라진 어선의 등불은 따스한 느낌을 준다. 이 두 가지
이미지는 시를 다른 단계로 도약시키고 시의 색조를 고르게 한다. 시
인은 슬프고 불안한 분위기를 전체적으로 드리우고 싶지 않았던 것이
다. 그렇게 정적인 분위기를 한껏 고조시킨 뒤 자신의 정서를 시의 중
심에 드러낸다. '바라보며 시름 속에 잠 못 드네'라고 하지 않았던가.
물론 여기에서 '잠'은 잠을 이루고자 하는 동작일 뿐이다.

  이때 종소리가 울려온다. '고소성 저 멀리 한산사에서 울리는, 깊은
밤 종소리가 객선에까지 들려오네.' 송나라 구양수歐陽脩, 1007~1072는
《육일시화六一詩話》에서 이 시구에 대해 "구절은 좋은데 삼경은 종을 칠
때가 아니다"라고 의문을 제기했다. 절에서는 한밤중에 종을 치지 않
는다는 것이다. 후에 수많은 사람들이 문헌 기록에 근거해 그의 말에
반박했다. 남송의 섭몽득葉夢得, 1077~1148은 《석림시화石林詩話》에서 보
다 직접적으로 반박했다.

"구양수가 아마도 아직 오중에 와보지 못해서 그런가 보다. 지금 오중의 절에서는 실제로 한밤중에 종을 친다."

오중(吳中, 지금의 쑤저우시 우중구吳中區－옮긴이) 일대의 절을 예로 들어 한밤중에 종을 치는 풍속이 전해 내려오고 있음을 보여줬다.

깊은 밤에 울리는 소리는 유난히 또렷하게 들리고 멀리까지 퍼진다. 이는 주변의 소음이 적기 때문이다. 누군가는 음향학적 원리로 진일보한 해석을 했다. 지면의 온도가 대기의 온도보다 낮은 밤에는 음파가 지면에 더욱 많이 굴절된다는 것이다. 그래서 장계는 '깊은 밤 종소리가 객선에까지 들려오네'라고 썼고, 자신이 소리를 들은 그 순간의 격한 감정을 과학적 이론에 맞게 표현할 수 있었다.

도대체 장계는 어떤 이유로 그 밤에 풍교의 강가에 배를 정박했을까? 혹시 자신의 미래를 위해 고향을 떠나 분주한 인생행로를 걷고 있었던 것은 아닐까? 인생에는 늘 수많은 곡절들이 있다. 그 곡절을 자신에게만 말할 뿐 누구에게 말할 수 있을까. 1200여 년 전 그날 밤 장계는 긴긴 불면의 시간을 보냈다. 세상은 아름답고 물 많은 강남 지역의 가을밤은 더없이 그윽했다. 시인으로서 장계는 그 경치를 충분히 만끽했을 것이다. 도대체 무엇이 그를 다그쳐 분주하게 만들고 고독을 씹으며 떠돌게 한 것인지는 세상도 알 길이 없고 우리도 모른다. 다만 그때 종소리가 울려 그의 내면을 제대로 자극해, 깊은 밤 장계는 완벽한 언어의 형식을 찾아 그 밤 자신이 느꼈던 모든 것을 보존했다. 한산사의 밤 종소리는 그 순간부터 오랫동안 수많은 사람들에게 감동을 주고 있다.

　지금까지 우리는 여러 시를 통해 종소리와 새벽과 황혼과 깊은 밤을 논했다. 당신은 혹 시를 음미하면서 내면으로부터 울려오는 소리를 들었는가?

힘들어도 그만
즐거워도 그만

달은 시가와 특별한 인연을 맺고 있다. 투명하게 반짝이면서도 있는 듯 없는 듯 희미하게 빛나는 달은 우리의 미적 감각과 상상력을 자극한다. 《시경詩經》에 실린 〈월출月出〉이라는 시에는 아름다운 자태를 지닌 여인이 달빛 아래 유영하듯 걷는 모습이 묘사되어 있다.

　　단순하면서도 우아한 이 시는 각각의 장이 중복되어 있기 때문에 여기에서는 첫 번째 장만 살펴볼까 한다.

　　흰하게 달이 뜨니
　　고운님의 얼굴 떠오르네.
　　아리따운 임이여.
　　내 마음 안타까워라.

月出皎兮　　　　　월출교혜

佼人僚兮　　　　　교인료혜

舒窈糾兮　　　　　서요규혜

勞心悄兮　　　　　로심초혜

중국의 문학자인 궈모뤄郭沫若, 1892~1978는 이 시를 백화시로 개작
했다.

　교교한 달빛이

아리따운 여인을 비추네.

하늘거리는 여인의 자태를 비추고

은밀한 여인의 사색을 비추네.

백양나무 아래를 느릿느릿 거니는 여인이여

고개를 숙이고 무얼 그리 생각하는가!

　시인이 달빛을 시에 인용할 때는 천지자연의 아름다움을 표현하기
도 하고 선종의 철학적 이치를 불어넣어 달빛에 더욱더 풍부한 함축적
의미를 담는다. 가장 직접적인 표현 방식은 맑고 깨끗한 달을 빌어 시
를 짓는 이의 마음을 표현하는 것이다.

　당나라 5대 명승인 관휴貫休, 832~912의 법호는 '선월禪月'이고 그의
시집 명칭도 《선월집禪月集》이다. 바로 '달'에서 그 이름을 가져온 것이

다. 또한 같은 시기 백화시에 능하고 통속적 언어로 불교의 도리를 알리기를 즐겨했던 시승인 한산寒山 역시 〈추월秋月〉이라는 시를 지어 마음을 달에 비유했다.

내 마음 가을 달과 같으니

푸른 연못에 맑고 깨끗하구나.

어느 것도 이에 비할 수 없는데

내가 어찌 말할 수 있겠는가.

吾心似秋月   오심사추월

碧潭淸皎潔   벽담청교결

無物堪比倫   무물감비륜

敎我如何說   교아여하설

시인은 '내 마음'을 말하고 싶었지만 수행하는 마음의 경지를 말로 표현할 길이 없어 그저 '내 마음'은 마치 가을 달이 맑고 깨끗한 연못에 비친 듯 티끌 하나 없이 맑고 깨끗하다고 했다. 한편 가을 하늘에 높이 걸려 있는 달의 풍경을 생각해 보면 또 다른 측면에서 이 시를 이해할 수 있다. 친근하면서도 신비한 매개물인 달은 사람의 마음을 시끄럽고 분주한 속세에서 끌어내 깊고 그윽한 세계로 이끈다.

손가락으로 달을 가리킬 때
손가락을 봐서는 안 된다

그래서인지 달은 불성과 불법을 상징하는 데에도 사용되었다. 《능엄경楞嚴經》 제2권에는 이런 구절이 있다. '如人以手指月示人, 彼人因指當應看月, 若復觀指以爲月體, 此人豈唯亡失月輪, 亦亡其指여인이수지월시인, 피인인지당응간월, 약부관지이위월체, 차인기유망실월륜, 역망기지' 그 뜻은 이렇다. '누가 손가락으로 달을 가리켜 당신에게 보인다면 응당 달을 봐야지 손가락을 봐서는 안 된다. 그렇지 않으면 달도 못 보고 손가락도 잘 보지 못할 것이다.'

《능엄경》은 '손가락'이라는 단어로 진리를 해설하는 문자를 비유했고 달로 불법을 비유했다. 문자나 모양에 집착하지 말라고 강조한 것이다. 한편 선종의 중요한 문헌 중에 《지월록(指月錄, 불법을 이어온 약 650명에 대한 행적, 스승과 제자의 인연, 깨달음에 대한 문답, 어록을 모은 저술-옮긴이)》이 있을 정도다.

'영가永嘉대사'라 존칭되는 당나라 선승인 현각玄覺, 637~713스님이 깨달음의 경지를 칠언시로 쓴 〈증도가證道歌〉에 이런 내용이 있다.

하나의 달이 모든 물에 두루 나타나지만
모든 물의 달은 하나의 달이 관장하네.
모든 부처님의 법신이 나의 성품에 들어오고
나의 성품 다시 함께 여래와 합치하도다.

一月普現一切水　　일월보현일체수
一切水月一月攝　　일체수월일월섭
諸佛法身入我性　　제불법신입아성
我性還共如來合　　아성환공여래합

　달은 하나뿐인데 모든 물에 두루 제 모습을 드러내니 모든 물속의 달은 곧 하나의 모습이다. 여기에서 '법신'은 바로 본래의 성품이고 중생의 성품과 불성이 사실은 동일체임을 알 수 있다. 이 책의 앞 부분에서 말한 '부처님이 꽃을 집으니 가섭이 미소를 지었다'라는 고사는 부처님과 가섭의 마음이 서로 통한 이야기다. 이러한 성취는 불성과 가섭의 본래 품성이 하나가 되었기 때문에 가능하다. 그래서 모든 수행자의 깨달음은 부처와의 비밀 약속이다.

　한편 불성은 영원한 존재이기에 시간은 불성에 어떠한 차별도 두지 않는다. 수행자는 그 순간 부처가 자신에게 깨달음을 주었다는 것을 느낄 수 있고 각자 내면으로부터 우러나온 깨달음의 미소를 띠고 있음을 느낄 것이다.

　인간은 초월적인 존재이므로 속세에서 해탈하고 숭고한 경지에 이를 수 있음을 믿어야 한다. 이는 인간 본연의 신앙이고 여러 형식으로 이런 믿음이 표현되고 있다. 미국의 위대한 심리학자인 에이브러햄 매슬로우Abraham H. Maslow, 1908~1970는 그의 후기 저작《인간 본성에 대한 심층적 연구The Farther Reaches of Human Nature》에서 소위 '신성'이란 인간의 관점에서 말한 것이라고 언급했다. 그리고 이렇게 덧붙였다.

"초월은 일반을 뛰어넘어 신성화되거나 신과 같은 존재가 되는 것을 의미한다. 하지만 여기에서 주의해야 할 부분이 있다. 초월을 인류를 넘어선 것이나 자연을 뛰어넘은 것으로 이해해서는 안 된다. 이처럼 고상하고 신성하며 신비한 것은 인간 본성의 일부분이다. 물론 현실에서 이루어내기 어려운 일이지만 말이다."

'인간의 신성'에 대한 매슬로우의 주장은 불교 이론에서 말하는 '불성'과 근본적으로 상통하는 지점이 있다. 소위 '신'이란 사실 자신의 신적인 성격에 대한 인류의 신앙이고 인간이 자신의 신성을 신으로 전환시켰다고 할 수 있다. 불성 역시 인류 신앙의 표현이고 불성을 믿는 사람들은 불성을 갖게 되며 이는 인간이 신성을 갖고 있다고 말하는 것과 같다.

따라서 좀 더 넓은 범위에서 봤을 때 인간이 지닌 초월성에 대한 염원은 상이한 문화 속에서 다른 형태로 형성된다. 이것이 바로 '하나의 달이 모든 물에 두루 나타나고'가 아니겠는가.

손으로 물을 뜨니 달이 손에 있네!

선의 뜻이 담긴 달은 존재하지 않는 곳이 없지만 만약 그런 달을 보지 못한다면 그것은 마음이 복잡하고 공허한 생각으로 가려져 있기 때문이다. 여기서 중당 시대의 시인 우량사于良史의 시 〈춘산야월春山

누가 손가락으로 달을 가리켜 당신에게 보인다면
응당 달을 봐야지 손가락을 봐서는 안 된다.

夜月〉을 살펴보자.

봄 산에는 좋은 일도 많아
느끼고 즐김에 밤늦도록 돌아가길 잊었네.
손으로 물을 뜨니 달이 손에 있고
꽃과 같이 노니 꽃향기 옷에 가득하네.
흥에 겨워 먼 곳 가까운 곳 마구 다니다
떠나려니 향기로운 풀 아쉬워라.
남쪽으로 종소리 울려오는 곳 바라보니
누대가 짙은 푸른 산속에 희미하게 보이네.

春山多勝事　　　춘산다승사

賞玩夜忘歸　　　상완야망귀

掬水月在手　　　국수월재수

弄花香滿衣　　　농화향만의

興來無遠近　　　흥래무원근

欲去惜芳菲　　　욕거석방비

南望鐘鳴處　　　남망종명처

樓臺深翠微　　　누대심취미

봄 산에는 아름다운 경치가 도처에 널려 있어 이 아름다운 경치에 빠져 결국 산에서 밤을 맞이하게 되었다. 만약 속세의 명예와 이익에 연연하는 사람이라면 미처 끝내지 못한 자질구레한 일에 마음을 졸여 이처럼 이익이 되지 않는 일에 많은 시간을 들이지 못할 것이다. 자연의 아름다움은 어린아이와 같이 순수한 마음으로 자연을 아끼는 사람에게만 존재하기 때문이다.

'손으로 물을 뜨니 달이 손에 있고, 꽃과 같이 노니 꽃향기 옷에 가득하네'라는 구절은 이 시에서 가장 아름다운 연이고 앞의 구는 특히 사람의 마음을 움직인다. 시인은 아마도 맑고 깨끗한 샘물에 달그림자가 비친 것을 보고 자신도 모르는 사이 조심스레 물속에서 달그림자를 퍼 올렸을 것이다. '하나의 달이 모든 물에 두루 나타나고'는 물을 퍼 올린 순간 달이 손에도 있게 됐다는 말이다. 하늘에 있는 달은 사실 아주 멀리 있는데 달을 퍼 올려 손에 놓으니 이제 아주 가까워졌다. 이 달이 바로 선의 뜻을 담은 달이다. 선월이 신성의 부름이라는 의미를 지니고 있다면, 선월이 우리에게 우주생명과 천지지혜와의 관계를 만들어주었다고 생각할 수 있다. 그러면 '손으로 물을 뜨니 달이 손에 있고'에서의 달이라는 존재는 사람과 자연이 추구하는 사물 사이의 친밀한 관계를 상징한다고 할 수 있다. 한편 '꽃과 같이 노니 꽃향기 옷에 가득하네'는 야생화의 짙은 향기가 옷자락에 물드니 어디를 가든 대자연의 매혹적인 정취가 따라다님을 묘사했다. 마찬가지로 사람과 자연이 하나로 합쳐지는 데서 오는 기쁨을 생생하게 드러냈다.

흥에 겨워 이리저리 돌아다니다 가까운 곳인지 먼 곳인지도 잊어버렸다. 어둠은 점차 짙어지고 돌아가야 하는데 아쉬워 돌아가지 못하고 있다. 이때 멀리서 은은하게 전해오는 종소리를 듣는다. 눈을 들어 바라보니 저 멀리 절의 누대가 푸른 숲 속에서 희미하게 보인다. 이 시의 마지막 연은 소리로 이미지를 이끌어내 근경에서 원경으로 진행하고 있다. 이를 심리적인 의미로 풀이하면 절의 만종晚鐘은 우리를 고요의 세계로 안내하여 정신세계를 확장시킨다.

이때 마치 시인이 오랫동안 멀리 바라보면서 무슨 생각에 잠긴 듯한 착각이 든다. 시인과 가까운 거리에 있는 야생화나 샘물 그리고 먼 거리에 있는 누대의 만종은 달빛을 받으면서 마치 한 폭의 그림에 가지런히 담긴 것처럼 느껴진다.

달빛 아래 고즈넉한 산속의 삶

왕유의 시 〈산거추명山居秋暝〉은 달빛 아래의 적막한 가을 산을 묘사하고 있다.

적막한 산에 방금 비 내린 뒤
해 저무니 가을 기운 물씬 풍긴다.
밝은 달빛 솔숲 사이로 비쳐 오고
맑은 샘물은 바위 위로 흐른다.
빨래 나온 여인들 돌아가며 대숲이 떠들썩하고

고깃배 내려가며 연잎이 흔들거린다.

향기로운 봄풀들이 제멋대로 시들어 버려도

왕손은 의연히 산중에 머무르네.

空山新雨后	공산신우후
天氣晚來秋	천기만래 추
明月松間照	명월송간조
淸泉石上流	청천석상류
竹喧歸浣女	죽훤귀완녀
蓮動下漁舟	연동하어주
隨意春芳歇	수의춘방헐
王孫自可留	왕손자가류

왕유는 시에 '적막한 산'을 즐겨 사용한다. 적막한 산은 산속에 아무도 없다는 것이 아니라 그만큼 고요하다는 뜻이다. '고요'는 이중의 의미를 지닌다. 산속에는 인적이 드물어 속세처럼 소란스럽지 않다는 뜻과 함께 산속에는 사람을 긴장시키는 살벌한 경쟁이나 암투가 별로 없어 사람들의 생활방식과 정서도 상대적으로 느슨하다는 것이다. 느슨한 생활방식과 정서 역시 일종의 '정靜', 즉 고요다. 또한 적막한 산의 '적막함'은 선종에서 말하는 황량함과 공허함을 은연중에 암시하고 있다.

처음 두 구는 고요한 산속 환경과 청량한 가을 날씨와 황혼의 평온함과 비가 갠 뒤의 상쾌함 등 여러 요소가 적절히 융합돼 상쾌하고 가뿐한 느낌을 준다. 사실 대자연은 본래 우리에게 아름다운 순간을 수없이 많이 선사한다. 다만 생활에 쫓기는 우리가 미처 자연의 선물에 신경 쓸 겨를이 없을 뿐이다.

'밝은 달빛 솔숲 사이로 비쳐 오고, 맑은 샘물은 바위 위로 흐른다'는 첫 번째 연의 넓은 공간에서 조금 더 섬세한 경치로 초점을 이동하여 묘사하고 있다. 비가 갠 뒤의 하늘은 그 어느 때보다도 청명하고 소나무 숲은 푸르디푸르며 수량이 풍부해진 샘물은 졸졸졸 소리를 내면서 맑은 바위 위를 흐르고 있다. 이때 하늘에 걸려 있던 밝은 달이 내뿜는 빛이 소나무 숲을 통과해 샘물을 밝게 비춘다. 달빛이 없었다면 소나무 숲은 어두웠을 것이고 샘물은 어렴풋이 보였을 것이다. 반면에 달빛에 흠뻑 젖은 순간 산속 세상은 변화무쌍하고 밝게 드러난다. 어지럽게 어우러져 하늘거리는 나무 그림자와 비현실적으로 맑고 투명하게 반짝이는 물빛을 발견할 수 있다.

두 번째 연은 단순히 경치를 묘사한 것으로 생각해도 충분히 훌륭하다. 하지만 시 속의 자연은 순전히 객관적일 수만은 없다. 시인이 자연에서 필요한 요소를 취해 재구성한 결과물이기 때문에 자연 고유의 아름다움을 포함하고 있으면서 동시에 시인의 심경을 드러낸다. 위화余華, 1960~현재, 모옌莫言, 1955~현재과 더불어 중국 현대문학을 대표하는 작가인 자핑아오賈平凹, 1952~현재는 자신의 글 《밝은 달과 맑은 샘물에 대한 자유로운 생각》에 왕유의 〈산거추명〉을 읽은 소감을 밝혔다. 그중 필자의 심경과 매우 비슷한 부분이 있어 그녀의 글을 그대로 싣는다.

"힘들어도 그만이고 즐거워도 그만이다. 얻어도 그만이고 잃어도 그만이다. 중요한 것은 넓게 펼쳐진 마음속 샘물에 달빛이 비추어야 한다는 점이다. 철학자 베이컨Francis Bacon,1561~1626이 말하지 않았던가. '역사는 사람을 현명하게 하고 시는 사람에게 지혜를 준다'라고. 저 위에 있는 소나무와 달, 발밑으로 흐르는 샘물, 그리고 굳건히 자리 잡고 있는 바위가 언제 이해득실에 의해 자유로움을 버린 적이 있는가? 또 언제 바람과 서리와 눈과 비로 인해 쉽게 위축된 적이 있던가? 이것들처럼 안정된 자아와 불변의 심성을 갖추어야 천 년의 경력을 지니고 만 년의 내력을 가질 수 있다. 또한 시인의 기품과 학자적 품성을 지닐 수 있다."

앞서 적막한 산의 '적막함'은 선종에서 말하는 황량함과 공허함을 은연중에 암시하고 있다고 했다. 이는 자칫 선종에서 말하는 황량함과 공허함을 메마르고 생기 없는 것으로 잘못 생각하게 할 가능성이 높다. 하지만 절대 그렇지 않다. 특히 왕유 같은 시인에게 선은 생명력이 충만한 것이다. 선의 경지에서는 온갖 거짓에서 벗어나기 때문에 생활에 비로소 의기와 정취가 넘쳐날 수 있다.

노동하는 삶이 가장 아름다운 삶

이 시는 곧이어 경치에 대한 묘사로부터 사람에 대한 묘사로 전환을 시도하는데, 이는 곧 자연의 아름다움에서 생활의 아름다움으로 전환된 것이다.

'빨래 나온 여인들 돌아가며 대숲이 떠들썩하고'는 냇가에 옷을 빨러 온 여인들이 집으로 돌아가는 장면을 묘사했다. 사람은 볼 수 없지만 여인들이 대나무 숲을 지나갈 때 대나무 가지를 건드리면서 나는 소리는 들을 수 있다. 여기에는 즐거운 노랫소리와 웃음소리가 깃들어 있다. '고깃배 내려가며 연잎이 흔들거린다'는 고기 잡는 어부가 집으로 돌아가는 장면을 묘사했다. 역시 사람은 보지 못하지만 고깃배가 연꽃 밭을 지날 때 연잎이 움직이면서 내는 소리는 들을 수 있다. 마찬가지로 어부들이 장난치며 웃는 소리가 깃들어 있을 터다. 이처럼 산촌에 사는 사람의 생활은 무척 단조롭다. 해가 뜨면 일하고 해가 지면 쉰다. 소득도 별로 없고 원하는 바도 소박하다. 그렇게 생활이 검소해야 명랑한 성격을 유지할 수 있는 것이다. 명문귀족 출신인 왕유는 화려하고 사치스러운 현실을 체험했고 관직에서 간사한 계략도 경험했다. 결국 그는 노동하는 삶이야말로 가장 아름다운 삶이라는 것을 느낀 것이다.

그래서 그는 '향기로운 봄풀들이 제멋대로 시들어 버려도, 왕손은 의연히 산중에 머무르네'라고 말한다. 봄은 어느새 가버렸지만 산속에 남아 있을 이유는 충분하다. 욕망이 영원히 멈추지 않을 것이고 따라서 혼란도 사라지지 않을 것이다. 하지만 기꺼이 평범함을 감수하고 고요를 견뎌내면 마음의 순수를 유지할 수 있다. 달빛 아래의 소나무 숲과 샘물처럼 말이다.

차 한 잔
마시게

지금의 허베이河北성 자오趙현은 예전에 조주趙州로 불렸다. 이곳에 백림선사柏林禪寺가 있었는데 당나라 때는 관음원觀音院이라 했다. 선종 역사상 누구보다 존경을 받은 큰 스님이 조주 종심인데, 일찍이 이곳에서 머물면서 백이십 살까지 살았으며 사람들은 그를 '고불古佛'이라 칭송했다. 조주는 남천 보원의 문하에 있다가 '평상심이 바로 도'라는 평범한 문구로 깨달음을 얻었고 이것이 바로 그가 제자들에게 불법을 전수하는 핵심이 되었다.

《오등회원》에는 유명한 일화가 기록되어 있다. 두 스님이 조주가 있는 곳에 와서 수련하고 있었는데 조주가 그중 한 명에게 질문을 던졌다.

"일찍이 여기에 와본 적이 있는가?"

스님이 대답했다.

"와본 적이 있습니다."

"차 한 잔 마시게."

그런 다음 또 한 명의 스님에게 질문을 던졌다.

"그대는 여기에 온 적이 있는가?"

그 스님이 대답했다.

"처음입니다."

"차 한 잔 마시게!"

이때 두 스님을 데려와 조주를 만나게 한 감원(監院, 절을 감독하고 승려들의 모든 일을 맡아 보살피는 직책 — 옮긴이)이 궁금함을 참지 못하고 물음을 던졌다.

"선사님, 어째서 이전에 와본 적이 있는 스님에게도 차를 마시라고 하고 와본 적이 없는 스님에게도 차를 마시라고 하셨습니까?"

조주가 감원의 이름을 부르자 감원이 대답했고 조주는 이어 이렇게 말했다.

"차 한 잔 마시게!"

이렇게 '차 한 잔 마시게'는 선종에서 가장 유명한 화두 중 하나가 되었다. 그 속에 어떤 신비한 뜻이 깃들어 있는 것일까? 사실 신비한 구석은 하나도 없다. 이미 와본 적이 있는 스님은 다시 돌아오면서 내심 물음을 품고 있었을 공산이 크다. 조주에게 자신이 왜 이곳을 떠났고 또 왜 다시 돌아왔는지 말하고 싶었을지도 모른다. 하지만 조주는 거기에 어떤 의미를 두지 않았다. 그래서 '차 한 잔 마시게'라고 했던 것이다. 처음 방문한 스님은 처음으로 조주를 만났으니 특별한 인연을 지어 어떤 놀라운 일이 발생할 수도 있다고 생각했을 것이다. 조주에게는 이런 생각 역시 아무 의미 없는 것이어서 그에게 '차 한 잔 마시게'라고 했다. 한편 감원은 조주 옆에서 꽤 긴 시간을 보낸 사람이었다. 하지만 노스님의 깊은 뜻을 미처 알아채지 못했다. 아마도 그는 노스님이 어떤 것을 말하든 다 평범치 않은 것이라 여겼을 것이다. "노스님은 두 스님에게 이전에 온 적이 있는지 없는지를 물었고 두 스님의 상황은 분명 달랐다. 그렇다면 노스님은 왜 상황이 다른 두 사람에게 군이 일률적으로 '차 한 잔 마시게'라고 했을까? 거기에 어떤 깊은 뜻이 숨어 있을까?" 감원은 생각이 무척 복잡해졌다. 그런데 조주는 그에게마저 '차 한 잔 마시게'라고 했다.

수천 수백 게송보다 차 한 잔 마시는 것이 낫다

중국인이 차를 마신 역사는 꽤 오래되었다. 하지만 일반적 추세가 되어 생활습관으로 자리 잡은 것은 중당 시기에 들어서면서부터다. 조주가 활동했던 시대와 멀지 않다. 조주는 소박하고 청빈하게 살아 '속옷은 허리가 없고 바지는 주둥이가 없으며, 머리에는 비듬이 서너 말은 되기' 일쑤였다. 차 마시는 것은 노스님의 유일한 취미였을 것이다.

차와 술은 분명 다르다. 술은 사람을 흥분시키고 차는 평온을 준다. 차는 감미롭고 맑은 향이 나며 약간의 떫은맛 속에 대자연의 숨결을 술은 사람을 흥분시키고 차는 평온을 준다.
차는 감미롭고 맑은 향이 나며 약간의 떫은맛 속에
대자연의 숨결을 담고 있다. 또 감정에 사로잡히지 않은
평온한 상태에서만이 차의 그윽함을 충분히 음미할 수 있다.

담고 있다. 또 감정에 사로잡히지 않은 평온한 상태에서만이 차의 그 윽함을 충분히 음미할 수 있다. 심오한 차 맛을 음미할 때 마음은 점차 침착해진다. 선을 수행하려면 먼저 '차 한 잔 마실' 줄 알아야 하고 그 러면 인생의 수많은 복잡한 생각이 떠나가 마음이 서서히 맑고 깨끗해 진다.

재물을 얻거나 명예를 얻어 만족한 생활을 즐기는 그대여! 많은 사 람들로부터 부러움과 존경을 받아 기뻐서 어쩔 줄 모를 때 차 한 잔 마 셔보자. 재물을 잃었거나 용기를 잃어 슬픔에 빠져있는 그대여! 사람 들로부터 멸시와 조롱을 받아 살아가는 것이 힘들거나 삶의 의미를 잃 었을 때 차 한 잔 마셔보자. 누군가에게 깊은 분노를 품고 있는 그대 여! 그의 난폭함을 생각하면 저절로 온몸이 오스스 떨려 어찌할 도리 가 없을 것이다. 이렇게도 못하고 저렇게도 못해서 머리가 지끈거릴 것이다. 그럴 때 차 한 잔 마셔보자!

모든 것이 변화 가운데 있으니 세상사는 무상하며 올 것은 결국 오 게 되어 있고 갈 것은 결국 가게 되어 있다. '평상심이 바로 도'라는 말 에 따르면 침착한 사람에게는 천하에 대단한 일도 없고 어떤 대단한 이치도 없다. 중국 불교협회 회장이었던 고故 자오푸추趙樸初,1907~2000 의 시에는 이런 심리가 잘 드러나 있다. '일곱 잔에 지극한 맛을 알고, 한 주전자에 참뜻을 얻노라. 부질없는 수천 수백 게송보다, 차나 한 잔 마시는 것이 나으리.'

조주의 차는 향긋하기는 하지만 그 차를 마실 만한 사람이 많지는 않다. 수백 년이 흘러 남송 시대의 선사인 황룡 혜남黃龍慧南, 1002~1069 은 〈조주흘다趙州吃茶〉라는 시에서 이렇게 탄식했다.

만나면 물어본 뒤 내력을 알고는
친소를 가리지 않고 바로 차만 주었네.
돌이켜 생각하니 끊임없이 왕래한 자들이여
바쁜 중에 뉘라서 차 항아리에 가득한 꽃향기를 알았으리.

相逢相問知來歷　　상봉상문지래력
不揀親疎便與茶　　불간친소변여다
翻憶憧憧往來者　　번억동동왕래자
忙忙誰辨滿甌花　　망망수변만구화

이 시는《황룡록黃龍錄》에 수록되어 있다. 앞의 두 구는 조주 스님이 차를 권한 일화를 간략히 서술했고 뒤의 두 구는 속세의 사람들이 바쁘게 오가고 끝이 없는 생각에 사로잡혀 있으며 끝도 없이 쓸데없는 소리를 늘어놓으니 그들에게는 차 마실 시간이 없음을 말하고 있다.

생활 속 사소한 일에서 찾은 인생철학

북송의 대문호인 소식은 선을 아꼈고 차도 좋아했다. 그가 좌천되어 황주로 갈 때는 극도로 곤궁한 때여서 한 친구로부터 황무지 한 뙈기를 얻어 밭을 일구면서 궁핍을 해결하였다. 그 땅을 일컬어 '동파東坡'라 했고 소식의 별호는 바로 여기에서 유래되었다. 이때부터 '동파'라는 두 글자는 빛이 나기 시작했다. 소동파는 동파에 차나무를 심었는데《문대야장자걸도화다재동파問大冶長者乞桃花茶栽東坡》에 이때의 일이 잘 기록되어 있다. 소식이 아름다운 여인을 빌어 서호西湖를 묘사했다는 것은 잘 알려진 사실이다. 그는 시에서 '서호를 서시(초선, 양귀비, 왕소군과 함께 중국 4대 미녀로 꼽히는 인물-옮긴이)와 비교하면, 옅은 화장이나 짙은 분 모두 어울리겠네'라고 묘사했다. 또한 차를 '미인'에 비유한〈차운조보기학원시배신다次韻曹輔寄壑源試焙新茶〉라는 제목의 시에 이렇게 적었다. '빙설처럼 속 고운 걸 알아야 할지니, 기름처럼 겉만 새로운 것이 아니네. 재미 삼아 쓰는 시니 그대 웃지 말게나, 예부터 좋은 차는 미인과 같다 하지 않는가!' 소식에게 좋은 차는 소박하고 자연 그대로의 우아한 자태가 어려 있어 마치 진정한 미인이 화장하고 꾸밀 필요가 없는 것과 같았다.

소식이 지은 유명한 사詞인〈정풍파定風波〉에는 차에 대한 이야기는 전혀 언급되어 있지 않다. 다만 '차 한 잔 하시게'라는 화두의 의미가 침착함에 있다면 이 사는 침착한 인생 태도에 대한 아주 좋은 예가 될 수 있을 것이다.

숲을 지나며 나뭇잎 치는 비바람 소리 들을 일 있는가.

노래 읊조리며 느긋하게 걷는 것도 괜찮네.

지팡이에 짚신이면 말보다 날렵한데 두려울 게 무엇인가.

빗속에 도롱이 걸치고 한평생 지낸다네.

봄바람 찬 기운에 술이 깨어보니

산마루 석양이 되려 나를 맞이하네.

고개 돌려보매 종전에 스산했던 곳도 흔적이 사라지고

비바람도 없고 맑음도 없더라.

莫聽穿林打葉聲, 何妨吟嘯且徐行

막청천림타엽성, 하방음소차서행

竹杖芒鞋輕勝馬, 誰怕, 一簑煙雨任平生

죽장망혜경승마, 수파, 일사연우임평생

料峭春風吹酒醒, 微冷, 山頭斜照卻相迎

요초춘풍취주성, 미냉, 산두사조각상영

回首向來蕭瑟處, 歸去, 也無風雨也無晴

회수향래소슬처, 귀거, 야무풍우야무청

이 사는 소식이 '오대시안(烏臺詩案, 소동파가 쓴 시들에 임금과 정부를 경멸하고 비방하는 문구가 있다는 참소로 일어난 필화사건-옮긴이)에 연류되어 황주로 유배를 떠난 지 3년이 되던 해에 지어졌다. 이전에도 그는 적잖은 정치적 풍파를 겪으면서 감옥에 갇히고 참혹한 심문을 받았으며 심지어는 사형의 위기에도 처했다. 재주가 남다르고 정직하며 정치적으로 책임감이 강했던 문인이 왕안석王安石, 1021~1086의 '변법'을 풍자하는 글을 썼다고 이처럼 심한 공격과 말도 안 되는 모욕을 받았다는 것은 참으로 이해하기 힘들다. 그런 상황에서 소식도 한때는 인생에 대해 무력감과 실망감을 뼈저리게 느꼈다. 하지만 그는 수많은 우여곡절을 겪으면서 결국은 철저한 깨달음의 경지에 이르게 되었다.

〈정풍파〉는 길을 가던 도중 만난 비라는 생활 속 사소한 일을 소재로 인생철학을 묘사하고 있다. 갑작스레 불어닥친 비바람은 '숲을 지나며 나뭇잎을 쳤는데' 꽤나 과장된 소리는 사람에게 위협감을 준다. 경험도 없고 아무런 준비도 없는 사람은 놀라움과 함께 급히 비바람으로부터 도망치고 싶은 조급함이 생길 것이다. 하지만 굳이 신경 쓰지 말라고 한다. '숲을 지나며 나뭇잎 치는 비바람 소리 들을 일 있는가'라며 그냥 지나가도 된다고 한다. '노래 읊조리며 느긋하게 걷는 것도 괜찮네'는 곧 입에서 나오는 대로 아무 노래나 흥얼거리면서 천천히 가라는 뜻이다.

'지팡이에 짚신이면 말보다 날렵한데 두려울 게 무엇인가'라고 했다. 지팡이와 짚신은 농부가 평상시 쓰는 물건들로 고급스러운 장비가 결코 아니다. 긴장하지만 않는다면 비는 아무것도 아니다. 그러므로 '두려울 게 무엇인가?' 결국 수많은 고난이 자리한 인생 그 자체가 바로 비가 오는 때다. 인생이 내내 평안하고 어떠한 어려움도 없기를 바란다면 그 자체가 정상적이지 않은 생각이다. '빗속에 도롱이 걸치고 한평생 지낸다네'에서 도롱이는 농부가 항상 준비하고 있는 것이니 어려움에 대한 대응 방법도 늘 준비가 되어 있다. 그렇다면 어떤 상황에 처하든 그냥 태연하게 대응하면 어떨까?

이른 봄의 바람이 살갗에 닿으면 쌀쌀하게 느껴지고 그나마 남아있던 술기운도 확 깰 것이다. 고개를 들어 바라보니 '산마루 석양이 되려 나를 맞이하고' 있다. 멀리서 지는 해가 산봉우리를 비추는데 천천히 감상할만한 풍경이다. 세상의 사정은 늘 변하게 마련이고 불어오는 비바람에 어떻게 대응할지 몰라 좌절을 겪기도 한다. 기꺼운 마음으로 비 개인 산과 지는 해를 바라보기란 분명 쉽지 않은 일이다. 그러다가 고개를 돌려 지나온 '스산했던 곳'을 다시 본다. 탄식하며 울부짖었고 대범할 정도로 자유로웠지만 처량하기 그지없던 그 곡절 많은 길을 걷고 또 걷다 보니 어느새 지나와 있었던 것이다. '흔적이 사라지고, 비바람도 없고 맑음도 없더라'는 바람도 지나고 비도 지나고 맑음도 지나니 하루가 이렇게 지나가 버렸다는 의미다.

돌아가려는 곳, 즉 '비바람도 없고 맑음도 없는 곳'은 비바람에도 맑음에도 신경 쓰지 않을 것임을 의미한다. 비바람이 치든 맑든 그것은 어디까지나 우리 자신이 결정할 수 있는 사안이 아니기 때문이다. 내내 날이 화창하기를 바랐는데 하필 비바람이 몰아친다면 마음에 부담이 생긴다. 인연을 따라야만 만족할 수 있는 것이다. 침착해야만 좀 더 넓어질 수 있다. 인연을 따르고 침착해야만 모진 인생역정에서 스스로 자신을 바로잡을 수 있다.

차를 마실 줄 알아야 깨달음에 닿을 수 있다

다시 차에 대한 이야기로 넘어가보자. 절의 생활은 청렴하여 즐길 만한 음식이 없다. 차는 절에서 손님을 접대하기 위한 필수 품목이자 스님들의 수행을 돕는 역할을 한다. 조주가 '차 한 잔 하시게'라는 화두를 남겨 차와 선의 관계는 보다 가까워졌다. 그래서 선과 차의 세계가 하나라는 '다선일미茶禪一味'라는 말이 생겼다. 선은 소박하고 자연스러우며 평온하다. 차를 마시는 정취도 이와 같다. 세상사가 혼란스럽고 인정이 흔들리는 상황에서 맑은 마음을 원한다면 '차 한 잔 마시는' 것이 가장 좋다.

일본은 중국 문화의 영향을 받아들인 뒤 자기 나라의 문화에 융합시켜 일본 다도茶道를 만들었다. 그 핵심은 바로 다도를 통해 선을 깨닫는 것이다. 일본 다쿠안 선사澤意, 1573~1645의 《차와 선의 맛은 한 가지로다茶禪同一味》에는 이런 내용이 있다. '다의茶意는 곧 선의禪意다. 선의를 버리면 다의도 없다. 선을 음미할 줄 모르면 차도 음미할 수 없다.'

산은 다만 산이요
물은 다만 물이다

'내가 30년 전 참선하기 이전에는 산을 보면 산이요, 물을 보면 물이었다. 그러다가 나중에 선지식을 친견하여 깨침에 들어 직접 보고 인식하는 입문의 방편이 생기고부터는 산을 보면 산이 아니고 물을 보면 물이 아니었다. 지금 편안한 휴식처를 얻고 나니 마찬가지로 산은 다만 산이요 물은 다만 물로 보인다. 그대들이여, 이 세 가지 견해가 같은 것이냐 다른 것이냐?'

위의 글은 남송 때의 선승인 청원 유신青原惟信, ?~1117 선사의 어록으로 《오등회원》 제17권에 기록되어 있다. 유신은 선종에서 대사급의 인물이 아니어서 그의 일생에 대한 기록은 거의 남겨져 있지 않다. 그렇다 보니 어떤 사람은 그를 당나라 때의 스님이라 잘못 생각하는 경우도 있다. 일례로 혜능에게 청원 행사青原行思, 671~738라 불리는 제자가 있어 헷갈리는 경우가 많은데 전혀 다른 인물이다.

하지만 이 글은 널리 전파되어 여러 상황에서 끊임없이 거론되고 있다. 설령 불교나 선에 대해 아무런 관심이 없는 사람이라고 하더라도 생각지도 못한 어떤 곳에서 이 글귀를 읽어본 적이 있을 것이다. 이 글은 철학적 특성이 강한 글로 헤겔Hegel, 1770~1831이 말한 변증법의 '부정의 부정' 법칙과 상당히 비슷한 오묘함이 있어 사람들에게 사색할 기회를 준다.

동시에 이 글은 생활의 경험과 그 뜻이 닿아 있다. 대부분의 사람들은 자아에 대한 부정을 통해 생활의 진리에 조금씩 더 다가서게 된다. 그래서 옛사람들은 '나이 오십이 되어서 사십구 년의 잘못을 알게 된다'고도 했다. 때문에 누구든 자신의 방식으로 유신의 '삼단 논법'을 깨달을 수 있는 것이다.

편견-편견 파괴-본래로의 회귀

하지만 선의 이치에서 이 글을 어떻게 이해할 것인지에 대해서는 수많은 이견이 존재한다. 일본의 선불교 철학자 아베 마사오阿部正雄, 1915~2006는 《선과 현대철학》이라는 저서에서 이 글을 선의 깨달음으로 가는 과정을 묘사하는 고전적 모델로 삼았다. 그는 청원 유신이 말한 삼단 논법이 '선을 수행하기 이전의 견해'와 '선을 수행한 지 몇 년이 지난 뒤 약간의 깨달음을 얻었을 때의 견해' 그리고 '지혜를 얻어 진리를 깨달았을 때의 견해'를 각각 대표한다고 보았다. 하지만 아베 마사오는 이 글을 너무 복잡하게 분석하고 서양 현대철학의 의미를 담아내려고 하다가 핵심에서 너무 멀리 나가버렸다. 여기서는 그의 견해를 참조는 하겠지만 좀 더 단순한 방법으로 '자연'의 문제를 논해보려 한다.

'참선하기 이전에 산을 보면 산이요, 물을 보면 물이었다'와 같은 사물에 대한 견해는 일반 상식이다. 그렇다면 '상식'은 어떻게 형성되는가? 먼저 사회의 지적 시스템과 가치 시스템에서 비롯된다. 사람들은 교육을 받으면서 사물을 인식하는 방법과 사물을 판단하는 표준을 획득한다. '상식'을 구성하는 또 다른 요소는 자아다. 사람은 아주 자연스럽게 자신에 대해 긍정을 한다. '나'를 만물의 중심에 놓고 '나'의 시각으로 모든 것을 바라본다. 그런데 '사회'는 자신만의 역사적 고집을 갖고 있고 '나'는 개체적 고집을 가지고 있다. 이 두 가지 고집이 한 데 모일 때 우리가 보는 '분명한' 그것들, 즉 '산은 산이고 물은 물로 보는' 것은 사실 사물의 진상眞相이 아니다.

두 번째 단계는 첫 번째 단계에 대한 부정이다. '그러다가 나중에 직접 보고 인식하는 입문의 방편이 생기고부터는'이라 했는데 여기서 말하는 '입문의 방편'은 참선을 통해 어느 정도의 깨달음에 도달한 것을 가리킨다. 그 앞에 조건을 하나 달았으니, '직접 보고 인식해야 한다'는 것이다. 다시 말해서 자신의 노력으로 탐구하고 경험해야지, 타인이나 책에만 의존해서는 그 '입문의 방편'을 얻을 수 없다고 했다.

이런 부정의 단계에서 만물은 모두 공허하다. 물아의 대립은 존재하지 않고 옳고 그름이든 선과 악이든 사실은 모두 겉모습일 뿐이다.

'악'이란 '사회에서 지칭한 악' 아닌가? '좋음'이란 '내가 좋다고 느낀 것' 아닌가? 두꺼비가 어떻게 백조를 좋아할 수 있겠는가? 두꺼비는 백조가 아주 못생겼다고 생각하는데 이때가 바로 '산을 보면 산이 아니고 물을 보면 물이 아니었다'가 되는 것이다.

하지만 무턱대고 '부정'을 끝까지 추구하는 것도 집착이다. 아베 마사오의 말을 빌려 설명하면 이렇다.

"부정성의 개념 역시 부정되어야 한다. 즉 부정도 자신을 버려야 한다. 그러면 우리는 세 번째 단계에 도달할 수 있다."

이것이 바로 부정의 부정이다. 이때 "마찬가지로 산은 다만 산이요 물은 다만 물로 보인다"라는 선의 깨달음은 현존하는 세계와 동떨어진 신비의 세계에 도달하는 것이 아니다. 하지만 이는 첫 번째 단계와 완전히 다르다. 아베 마사오에 의하면 사물에 대한 분별은 "사물이 총체성과 개체성 위에서 자신을 드러내는 것에 있다. 사물은 더 이상 우리들이 주관적 입장에서 보게 되는 객체가 아니다." 좀 더 간결하게 말하면 세 번째 단계는 사물 자체가 그 다름을 드러낸 것이지 우리가 자신의 필요와 특정한 입장에서 탐색하다가 발견하는 것이 아니다. 우리는 그저 사물의 다름을 담담하게 받아들일 뿐이다. 이 세 단계는 '편견, 편견 파괴, 본래로의 회귀'라고 표현할 수 있다. 유신은 이런 깨달음을 왜 '편안한 휴식처'라고 했을까? 미혹됨과 깨달음, 조급함, 집착에서 벗어나 마음이 맑아지고 정신이 상쾌해지기 때문이다.

중국의 여류작가인 츠리池莉, 1957~현재는 청원 유신의 말을 빌려 인생의 세 가지 경지를 논했다. 그중 다음 부분은 꽤 음미해볼 만하다.

"사람은 본래 사람이기에 애써 사람이 되기 위해 노력할 필요가 없다. 세상은 그 모습 그대로 세상이기에 애써 존재하려 노력할 필요가 없다. 그래야 진정으로 사람이 되고 세상이 존재하는 것이다."

순수한 자연으로 돌아가는 것, 그것이 바로 인생의 '편안한 휴식처'가 되는 것이다.

간절히 원해도 얻을 수 없는 것에 대한 욕망

북송 때의 문호인 소식은 〈여산연우蘆山煙雨〉라는 시에서 청원 유신의 어록과 매우 비슷한 비유를 해놓았다. 섬세하지 못한 사람은 소식의 시가 유신의 어록을 설명해놓았다고 생각할지 모르겠다. 하지만 〈오등회원〉에는 청원 유신이 남송 때 황룡파(黃龍派, 중국 선종의 칠종 중 하나—옮긴이)의 스님으로 활동했던 시기가 소식보다 한참이나 나중임이 상세히 기록되어 있다. 되레 그 반대로 유신이 소식에게서 깨달음을 얻어 보다 조리 있게 글을 쓴 것은 아닐까? 물론 이 두 사람은 각자의 방식으로 선의 이치에 대해 비슷한 이해를 하고 있었을지도 모른다.

소식의 시를 살펴보자.

여산의 안개비와 절강의 조수여
가보지 못했을 때는 그 많은 한이 풀리지 않더니

와서 보니 오히려 별다른 것 없고
여산의 안개비 절강의 조수로구나.

廬山煙雨浙江潮   여산연우절강조

未到千般恨不消   미도천반한불소

到得還來無別事   도득환래무별사

廬山煙雨浙江潮   여산연우절강조

　여산 안개비의 불규칙한 변화와 절강 조수의 장대함이야말로 천하에 둘도 없는 뛰어난 경치다. 그곳에 가보지 않은 사람은 다른 사람의 말만으로도 그곳에 가보고 싶은 갈망이 생길 것이고 그곳을 아직 보지 못했다는 것이 더없는 유감일 것이다. 인간은 '아무리 원해도 얻을 수 없는' 것에 대해 늘 이런 느낌에 사로잡힌다. 욕망에 사로잡혀 사력을 다해 얻으려는 어떤 것이 사실 마음이 만들어낸 환상인데도 말이다.

　명나라 때의 사람인 강영과江盈科, 1555~1605는 중국 고전인 〈설도소설雪濤小說〉에서 이렇게 말했다.

　"처보다 첩이 낫고, 첩보다 하녀가 낫고, 하녀보다 기생이 낫고, 기생보다 도둑질이 낫고, 도둑질보다 간음이 낫다."

　아마도 대충은 이런 이치가 아닐까. 그래서 불교에서는 팔고(八苦, 인생에서 겪는 여덟 가지 괴로움. 생고, 노고, 병고, 사고, 애별리고, 원증회고, 구부득고, 오음성고를 말함-옮긴이) 안에 '구부득고(求不得苦, 구하고자 하지만 얻지 못하는 괴로움-옮긴이)

사람은 본래 사람이기에 애써 사람이 되기 위해 노력할 필요가 없다.
세상은 그 모습 그대로 세상이기에 애써 존재하려 노력할 필요가 없다.
그래야 진정으로 사람이 되고 세상이 존재하는 것이다.
순수한 자연으로 돌아가는 것, 그것이 바로 인생의 '편안한 휴식처'다.

가 있는데 탐욕이 강한 사람은 평생 이 고통 속에서 몸부림치게 된다고 한다.

정말 여산과 절강을 봤다고 해서 또 무얼 하겠는가? '별다른 일 없다!' 신기할 것도 손에 땀을 쥐게 하는 긴장감도 없다. 그저 '여산의 안개비와 절강의 조수'일 뿐이다.

만약 뒤에 나오는 두 구의 의미를 '보는 것보다 명성이 낫다'라거나 '그저 그렇다'라고 해석한다면 시의 의미 역시 아주 천박해질 것이고 언급할 의미도 없을 것이다. 바로 이 대목에서 '속았음'을 알게 된다. 도리어 마음속으로 새로운 생각이 솟아나면서 중국의 또 다른 절경인 '황산의 안개비와 동해의 조수'를 연상하게 될 것이다. 그 얼마나 장관인가.

이윽고 다시 '가보지 못했을 때는 그 많은 한이 풀리지 않더니'라는 순환으로 돌아온다. 동파의 시가 말하고자 하는 바는 욕심에서 벗어나 사물을 대해야 하며 이때 사물은 자기 존재 상태를 그대로 상대방에게 내보이며 그 모습은 순수하고 소박하다는 것이다. 《채근담菜根譚》에 따르면 '문장이 지극한 경지에 이르면 다른 기이함이 없이 알맞을 뿐이며, 인격이 지극한 경지에 이르면 다른 기이함이 없이 본래의 모습일 뿐이다'라고 했다. 위의 내용과 일맥상통한 이치다.

이 시의 묘미는 첫 번째 구와 마지막 구가 같은 '여산의 안개비와 절강의 조수'라는 반복에 있다. 똑같은 구의 반복이지만 깨달음을 아직 얻지 못했을 때와 깨달음을 얻었을 때의 다른 경지를 표현하고 있다.

바로 유신이 말한 '산을 보면 산이요, 물을 보면 물이었다'와 분명 아주 유사하다.

인생의 마지막에서 느낀 세상과 생명에 대한 고승의 깊은 탄식

다시 제전濟顚, 1148~1209의 시 한 수를 살펴보자. 제전은 항저우 링인스靈隱寺, 영은사로 출가하여 승려가 된 제공濟公스님이다. 깨달음이 깊고 행동이 매우 기이해 그에 관한 이야기가 소설로 출간되었고, 영화와 드라마로도 제작됐다. 그 과정에서 그에 관한 이야기가 더해졌을 것이다. 전하는 바에 따르면 그는 선승이었지만 앉아서 참선하기보다는 다 해진 모자와 부채를 들고 각지를 떠돌며 위기에 처한 사람을 구했다고 한다. 술과 고기를 먹는 등 계율의 구속을 받지 않았다고도 전해진다. 때로는 미친 듯이 행세해 제전(濟顚, 미친 승려-옮긴이)화상이라 불렸고 부처님처럼 자비와 사랑을 베풀어 제공활불濟公活佛이라고도 불렸다.

《정자사지淨慈寺志》에 따르면 성은 이李 씨고 남송 소흥紹興에서 가정嘉定 연간에 살았으며 임종 전에 이 게송을 지었다고 한다.

육십 년간 난잡하게 살면서
동쪽 벽이 서쪽 벽을 무너뜨렸구나.

이제 와 수습하고 돌아가려는데

여전히 물빛은 하늘과 닿아 푸르네.

六十年來狼藉　　　　육십년래낭자

東壁打倒西壁　　　　동벽타도서벽

如今收拾歸來　　　　여금수습귀래

依舊水連天碧　　　　의구수련천벽

'난잡하게'는 '엉망진창'의 뜻이 있다. 이는 제전이 자신의 수십 년 생활 태도를 형상화한 것이다. '동쪽 벽이 서쪽 벽을 무너뜨렸구나'는 수많은 풍부한 상상을 할 수 있게 만든다. 법을 구하는 자가 간절한 마음으로 급하게 도를 구하는 과정이라고 이해할 수도 있고, 교만하고 경박해 보이는 '미친 스님'이 스님과 평인平人의 경계에서 일상적으로 충돌을 벌이는 상태로 이해할 수도 있다. 그는 《정자사지》의 〈정풍태위呈馮太尉〉라는 시에서 자신을 '아득한 우주에 아는 사람 하나 없다'라고 묘사하기도 했다.

　세상은 고생스럽고 스님은 정이 많으니 진리를 깨닫기가 쉽지 않다. 당시 도사아陶師兒라고 불리는 기녀와 건달 왕선교王宣敎가 서로 좋아하다가 사랑이 순탄치 않자 어느 날 밤 정자사 앞의 서호에 서로 껴안고 뛰어들어 죽었다. 제전은 당시에 정자사의 스님으로 도사아의 장례를 치르면서 불행한 기녀를 위해 다음과 같은 기관문(起棺文, 입관한 뒤

관을 운구할 때의 발인의식을 기관이라 하며 그때 읊는 문구를 뜻함—옮긴이)을 썼다.

'도 씨 아가씨에게 바치노니 손으로는 흩날리는 눈발을 붙잡고 넓은 자욱한 안개 속으로 흩어져버렸네. 신선의 술 마시고 잊어버리려다 은빛 물결을 밟고 실족하였구나. 사람의 정은 쉽게 떠나가고, 숙명은 벗어나기가 어렵네. 어젯밤에는 〈양관곡陽關曲〉을 낮게 읊조렸는데 오늘은 〈만가挽歌〉를 부르고 있구나. 늙은 어머니와 어린 여동생이 창자가 끊어질 듯 구슬프게 우네. 화려한 집에서 시를 짓던 손님 황혼이 되어도 다시 붉은 발을 걷지 않네. 잠자리를 함께 하던 여인 저녁에도 화려한 문 장막 걷어 올리지 않네. 물 위의 연꽃으로 변하더니 이제는 진흙 속 옥나무로 나타나는구나.

'아! 녹음 속 잔잔한 물결과 밝은 달이여. 낭군님이 어디로 돌아갔는지는 묻지 마시게!'

이 일이 실제 있었던 일인지 진짜 제전의 글인지 확신할 수는 없지만 이와 같은 이야기는 제전의 독특한 삶과 분명 관련이 있다. 대중의 눈에 비친 그는 선하고 정이 많은 미친 스님이었기 때문이다.

이렇게 본다면 '이제 와 수습하고 돌아가려는데, 여전히 물빛은 하늘과 닿아 푸르구나'는 제전스님이 인생의 마지막에 느낀 세상과 생명에 대한 깊은 탄식이다. 세상은 혼란과 허위로 어지러워 '난잡하게' 생활하니 피로할 수밖에 없다. '동쪽 벽이 서쪽 벽을 무너뜨리는' 일을 수년 동안 지속하면서 깨달음을 얻은 뒤 눈앞이 비로소 맑게 개어 '물빛이 하늘과 닿아 푸르게' 보인 것이다. 이는 '산을 보면 산이요, 물을 보

면 물이었다'와 마찬가지로 신기할 것 하나도 없지만 그의 인생이 보여
주는 넓고 넓은 경지는 매우 감동적이다.

세상의 모든 현상은 각각 본분에 알맞은
자리가 있어서 거기에 충실해야 한다

마지막으로 도겐道元, 1200~1253선사의 예를 한 번 들어보자. 도겐은
일본 불교 역사상 가장 걸출한 인물로 일본 조동종曹洞宗의 창시자다.
남송 시대에 중국으로 건너와 불법을 닦고 천동사天童寺에서 여정如淨,
1163~1228선사의 지도 아래 스스로 깨달음을 얻었다. 대개 외국에서 유
학한 스님들은 불상이나 경전을 가지고 고국으로 돌아가곤 했는데, 그
는 아무것도 가져가지 않았다. 일본으로 돌아간 뒤 교토의 흥성사興聖
寺에서 설법을 하면서 그는 자신이 중국에서 불법을 구하던 때의 마음
을 다음과 같이 전했다.

"제가 대송大宋에 가기는 했지만 여러 절에 가보지는 못했습니다.
그러다 지금은 돌아가신 여정선사의 문하로 우연히 들어가게 되었습
니다. 그곳에서 저는 눈은 가로로 놓여 있고 코는 세로로 뻗어 있다는
것을 체험으로 이해하게 되었지요. 그런 깨달음을 얻은 뒤로는 사물을
있는 그대로 받아들이게 되었고, 그 결과 속은 적이 없었습니다. 저는
사부님으로부터 진위를 판별할 줄 아는 눈과 코를 갖게 되었음을 깨달
았습니다. 그래서 일본으로 돌아올 때 불상 한 기, 경문 한 권도 가져

오지 않았지요."

이는 곧 도겐선사가 얻은 철저한 깨달음이다. 그렇다면 철저한 깨
달음을 얻은 사람은 무엇이 확실해지는 걸까? 눈은 가로로 놓여 있고
코는 세로로 뻗어 있다는 점을 알게 된다. 안횡비직眼橫鼻直, 즉 세상의
모든 현상은 각각 본분에 알맞은 자리가 있으니 거기에 충실해야 한다
는 이치를 말이다.

무엇이
도입니까?

선 혹은 선자들의 기백은 대개 상당히 진취적으로 표현된다. 이는 근본적으로 선 사상의 철학적 이치와 관련이 있다. 불성이 세계의 근본이고 최고의 존재이며 나의 본성도 곧 불성이다. 따라서 '나' 보다 더 권위 있는 존재는 없다. 물론 선은 '자아에 대한 집착'을 버리라고 하지만 '자아에 대한 집착'을 버린 뒤 세계의 불성과 하나로 융합된 '나'는 궁극적으로 여전히 자아의식을 갖추고 있는 정신의 본체이다.

북송 시대에 불교와 유교의 융합을 추구했던 여희철呂希哲, 1039~1116은 《여씨잡기呂氏雜記》 하권에서 이렇게 말했다.

"온 대지가 바로 자신이니 산과 강을 비롯한 이 세상의 모든 사물을 자신이 스스로 세웠음이라."

이 글에는 소아의 편협함이 없고 대아의 존귀함이 더욱 강렬하게 드러나고 있다.

백장 회해百丈懷海. 720~814는 마조 도일의 제자로 사문을 떠난 뒤 홍주洪州의 신오(新吳 지금의 장시성 펑신奉新현−옮긴이) 대웅산大雄山에 절을 지었다. 한 스님이 그에게 물었다.

"무엇이 기특한 일입니까?"

그러자 백장은 이렇게 대답했다.

"홀로 우뚝 대웅봉에 앉았노라."

이 대답은 매우 오묘하면서도 풍부한 시적 감성을 내포하고 있다. 《강서통지江西通志》〈산천략山川略〉에 이 이야기에 대한 구체적인 내용이 기록되어 있다.

'백장산(대웅산이라고도 함−옮긴이)은 봉신현에서 서쪽으로 백사십 리 떨어진 곳에 있다. 거센 물을 쏟아붓고 그 물이 천 척 아래로 떨어지며 북서쪽으로 수많은 산들이 솟아 있다. 그곳은 바위와 산봉우리가 높이 솟아 있어 산세가 험준하다.'

백장사가 대웅봉 위에 위치해 있다 보니 '홀로 우뚝 대웅봉에 앉았노라'라는 문구를 놓고 선을 수행한다는 것이 매우 일상적 행위일 뿐 '기특한 일'이라 말할 수 없다는 뜻으로 생각할 수 있다. 하지만 시로 표현된 이 구절은 강렬한 암시성을 지닌다. 다시 말해 '대웅'은 석가모니의 존칭 중 하나로 또 다른 의미를 함축하고 있다. 선자는 '홀로 우뚝 대웅봉에 앉아' 끊임없이 변화하는 번잡한 세상을 굽어보면서 넓은 마음과 장대한 기상 그리고 고요한 태도를 의연히 유지하고 있었던 것이다.

깨달음을 얻고, 얼음 같은 의혹이 순간 사라지다

그런가 하면 중당 시기의 유학자인 이고李翱, 772~841가 약산 유엄藥山惟儼, 745~828선사와 나눴던 대화는 중국 철학사상사에 길이 남을 미담이 되었다. 이고는 문학가이자 사상가였던 한유韓愈, 768~824의 제자로 두 사람은 중국 유학 전통을 이학理學의 방향으로 전환시킨 중요한 인물이다. 유엄은 석두 희천石頭希遷, 700~790과 마조 도일을 스승으로 모셨다. 백장 회해와 함께 혜능이 일으킨 남종선의 제4대 계승자라 할 수 있으며 예주澧州 약산사藥山寺에 기거했다. 원화元和 15년820년에 이고는 낭주朗州의 자사로 부임했는데 마침 예주와 인접한 곳이어서 부임하자 바로 유엄을 찾아갔다. 당시 '도道'와 '도통(道統, 송나라와 명나라의 이학자들이 일컫는 유가사상의 전수 계통—옮긴이)'은 유학자들이 큰 관심을 두고 있던 문제였다. 그래서 이고는 먼저 "무엇이 도입니까?"라며 질문을 던졌다. 즉 선은 세상의 근본에 대한 앎을 위해 연구해야 한다는 의미를 지닌 질문이었고 유엄은 선종 특유의 은유의 방식으로 대답했다.

"구름은 푸른 하늘에 있고 물은 물병에 있다 하시네."

시적 표현인데다 그 취지가 깨달음에 있기 때문에 간단히 해석하기가 쉽지 않다. 굳이 풀어보면 다음과 같다. 물이 물병 안에 있으니 고요하고 안정되어 있으며 물결이 일지 않고, 하늘에 가득한 구름은 자유롭게 떠돈다. 이처럼 있는 모습 그대로 편안히 자연에 순응하고 물성에 따르는 것이 바로 '도'라는 말이다. 상당히 설득력이 있는 논리다.

하지만 이렇게 해석해버리면 참으로 아름다운 시구를 헛되게 하는 꼴이 될 수 있다. 만약 당나라 때 선사들의 자유분방한 정신을 높이 산다면 다른 각도에서 설명하는 것이 보다 합당할 것이다.

구름과 물은 본디 하나의 물체이다. 그런데 구름이 하늘에 떠 있다는 것은 아무런 장애물 없이 자유롭게 마음대로 모였다 흩어지는 광경을 말한다. 물이 병 속에 있다는 것은 반대로 자유롭지 않은 상태를 말한다. 말하자면 '도'는 본래 무형의 존재인데 한순간에 '도'가 갇혀 버린 '병'이 되었다. 어떻게 깨지지 않는 그 '병'을 보면서 '도'를 논할 수 있단 말인가? 이렇게 보면 사실 이 문구에는 유교의 도를 비평하는 의미가 함축되어 있음을 알 수 있다.

《송고승전宋高僧傳》에는 상술한 내용에 대한 기록이 있다. 이고가 이내 '깨달음'을 얻고 '얼음 같은 의혹이 순간 사라졌다'라고 되어 있다. 그가 지니고 있던 얼음처럼 응결된 의혹이 한순간에 전부 해소된 것이다. 이고는 도대체 이 아름다운 문구에서 무엇을 깨달은 것일까? 그가 유교의 도를 부흥시키려고 했던 일에 이 내용이 어떤 의의를 지니고 있을까? 후대는 알 도리가 없다. 하지만 유엄의 대답이 이고에게 깊은 인상을 주었음은 의심할 나위가 없다. 그는 〈증약산고승유엄贈藥山高僧惟儼〉이라는 두 수의 시에 이 일을 기록했다.

수행하신 모습은 학의 형상과 같고
천 그루 소나무 아래 경전 두어 상자뿐이네.

내가 도를 물으니 다른 말씀 없이
구름은 푸른 하늘에 있고 물은 물병에 있다 하시네.

煉得身形似鶴形　　연득신형사학형
千株松下兩函經　　천주송하양함경
我來相問無餘說　　아래상문무여설
雲在靑天水在瓶　　운재청천수재병

첫 번째 구에서 보면 유엄은 야윈 듯하면서도 건강한 스님이고 두
번째 구에서는 드넓은 소나무 숲을 이용해 절에서 불경을 읽는 스님의
자태를 돋보이게 하고 장중한 기상을 드러냈다. 기록에 따르면 약산
유엄은 당나라 선사들 중 경전 읽기를 가장 좋아했던 사람이었다. 하
지만 경전 읽기를 자신의 제자들에게 강요하지는 않았다.
〈증약산고승유엄〉의 두 번째 수는 바로 이렇다.

조용한 곳에 머물러 자연의 정취 즐기니
한 해 다하도록 가고 오는 이 없네.
때로는 곧장 외로운 봉우리에 올라
달 아래 구름 헤치고 크게 한 번 웃네.

選得幽居愜野情　　선득유거협야정

終年無送亦無迎　　종년무송역무영

有時直上孤峰頂　　유시직상고봉정

月下披雲嘯一聲　　월하피운소일성

이 시는 앞에서 말한 선자의 호탕한 기상을 보다 잘 표현하고 있다. 앞의 두 구는 유엄이 조용한 숲 속에서 유유자적한 삶을 보내면서 겉만 화려한 생활 태도와 방식에는 관심이 없었음을 보여준다. 이는 이고가 유엄을 만났던 일과 관계가 있다. 당시 이고는 낭주 자사로 있었는데 지금의 장관에 비길 만큼 꽤 높은 관직이었다. 그런 그가 깊은 산속에 위치한 절을 찾아 스님을 만났다는 것은 매우 의미심장한 행동이었다. 하지만 《송고승전》의 기록에 따르면 이고가 절에 도착했을 때 유엄은 독경에 심취해 있었던 모양이다. '경서에 대한 집착을 버리라' 했던 그가 손님이 방문한 줄도 모르고 경서에 집중하자 시중드는 이가 서둘러 일깨워주었다. 유엄이 반응을 보이기 전 이고는 이미 기분이 상하고 말았다. 그래서 멀리서 "직접 보니 소문보다 별로구먼!"이라고 고함을 질렀다. 스님이 헛된 명성만 가지고 있지 실제로는 그렇지 않다는 의미였다. 이에 유엄이 고개를 들고 이고의 이름을 부르면서 그에게 질문을 던졌다.

"태수께서는 어찌 귀만 귀하게 여기시고 눈은 천하게 여겨 그런 소리를 하시오?"

이윽고 두 사람은 미소를 띠고 대화를 나누기 시작했다. 이고는 시

속에서 '한 해 다하도록 가고 오는 이 없네'라며 유엄을 찬미했다. 그 일이 있은 뒤 세상사에 관심이 없고 행실이 소박한 유엄의 생활에 큰 감동을 받은 것이었다.

고승과 선자들의 비범한 풍채와 언행

뒤의 두 구는 매우 세밀하게 고승의 비범한 풍채를 묘사했다. 유엄이 우연히 밤을 틈타 산을 걷다가 곧장 외로이 솟아 있는 봉우리에 오르자 마침 구름이 흩어지면서'피운披雲'의 글자 그대로의 뜻은 손으로 휘휘 저어 구름을 헤친다는 의미다. 하늘에 걸려 있던 밝은 달이 제 모습을 드러냈다. 그러자 그는 우렁찬 웃음소리를 냈고 산골짜기에 그의 웃음소리가 끊임없이 울려 퍼졌다.

옛날에 불교와 도교를 수행했던 사람들은 대다수가 기공氣功을 동시에 수련했다. 산속에서 길게 소리를 지른다거나 크게 웃는 것은 대개 기공과 관련이 있었다. 남송의 문학가인 유의경劉義慶, 403~444이 지은 《세설신어世說新語》에 따르면 은둔자 손등孫登이 산속에서 길게 지른 소리가 '마치 선조仙鳥가 노래 부르는 소리처럼 협곡에 파고드는구나' 라고 했다. 하지만 약산 유엄의 큰 웃음소리가 수십 리 밖까지 들릴 정도였다는 것은 과장된 감이 없지 않다. 어쨌든 높은 봉우리에 올라 크게 웃은 그 풍류 넘치는 일화는 아주 유명하다. '달 아래 구름 헤치고 크게 한 번 웃네'에서 보이는 자신감 있는 태도에서 유엄에 대한 유학

유학자 이고는 유엄선사를 찾아가 물었다.

"무엇이 도입니까?"

유엄은 선종 특유의 은유의 방법으로 대답했다.

"구름은 푸른 하늘에 있고 물은 물병에 있다 하네."

이 말을 듣고 이고는 '깨달음'을 얻고 '얼음 같은 의혹이 순간 사라졌다'고 한다.

이고는 도대체 위 문구에서 무엇을 깨달은 것일까?

자 이고의 흠모를 엿볼 수 있다.

선자들은 간혹 상당히 오만해 보이는 언행을 보일 때가 있는데 그것은 사실 깊은 의미를 지니고 있다. 전하는 말에 의하면 석가모니는 태어나자마자 사방으로 일곱 걸음을 걷고 왼손을 들어 게송을 읊었다고 한다. 당나라의 스님인 현장玄奘, 602?~664이 인도 및 중앙아시아를 여행하면서 쓴 견문록인《대당서역기大唐西域記》에 보면 '天上天下 唯我獨尊천상천하 유아독존', 즉 '하늘 위와 하늘 아래 오직 나 홀로 존귀하다'라고 나와 있다. 이는 부처가 신격화된 이후 생긴 전설이다. 누군가 이 일화에 대해 운문 문언(雲門文偃, 864~949, 당말 오대의 선승으로 운문종의 창시자―옮긴이)에게 묻자 문언이 곧 대답했다.

"내가 당시에 보았다면 그를 한방에 죽여 개밥으로 주고 천하태평을 도모했을 것이다."

종교의 관점에서 존귀한 신이나 종교를 창시한 자를 비방하는 것은 상상도 할 수 없는 일이다. 하지만 선종에서 소위 '부처를 헐뜯는' 행동은 결코 두려워할 만한 일이 아니다. 운문 문언의 말은 용감하고 생동감이 넘친다. 왜냐하면 선종은 불교의 한 지류이지만 시간이 흐르면서 종교의 권위를 철저히 경계했기 때문이다.

권위를 뒤집고 진리를 얻어 호탕한 정신을 구하다

선종의 다섯 종파 중 임제종의 기세가 가장 강했고 가장 멀리까지 전파되었다. 임제종의 창시자 임제 의현臨濟義玄, ?~867은 성격이 분명하고 강해 권위와 법칙을 파괴하는 일에 꽤 철저했다. 그는 《임제록臨濟錄》을 통해 대외적으로 이렇게 말했다.

"큰 선지식이라야 비로소 부처와 조사를 비방할 수 있고 천하의 선지식을 옳다 그르다 할 수 있다. 그리고 경, 율, 논 삼장三藏의 가르침을 배척할 수도 있고 외부의 구속을 받지 않을 수 있으니 '영민함과 편안함'을 얻을 수 있다."

그의 계승자인 대혜 종고大慧宗杲, 1089~1163의 말에 따르면 그가 스님이 되지 않았더라면 손권이나 조조 같은 영웅호걸이 되었을 것이라고 사람들이 그를 평가했다고 한다.

《임제록》과 같은 책들에는 의현이 다른 사람들과 매우 날카로운 논조로 나눈 대화가 실려 있다. 또 그는 시적인 문구로 표현하기를 즐겼다. 그와 봉림鳳林선사가 대화를 나눌 때 자기 자신을 묘사한 구절이 그 대표적인 예다.

외로운 달빛에 온 산이 적막한데
긴 휘파람 소리에 천지가 놀라네.

孤蟾獨耀千山靜　　고섬독요천산정
長嘯一聲天地驚　　장소일성천지경

기껏해야 두 구일 뿐이지만 굳이 형식에 얽매이지 않는다면 위의 구절을 시로 볼 수도 있다. 외로운 달과 끝없이 펼쳐진 자연 가운데서 선자가 밤하늘에 파열을 내는 긴 휘파람을 불자 천지가 이에 동요하면서 적막한 분위기가 사방으로 퍼졌다. 이처럼 고요 속에 드러난 무질서와 도도함은 절로 놀라움을 자아낸다.

임제 의현은 아주 우렁찬 목소리를 가지고 있어 제자들을 가르칠 때 불쑥 귀를 찌르는 듯한 큰 소리를 한 번 내지르는 반면 덕산 선감德山宣鑒, 780~865선사는 제자들을 몽둥이로 때리기 일쑤였다. '임제는 큰 소리를 질러대고 덕산은 몽둥이로 때린다'는 말은 선문禪門의 미담이 되었고 여기에서 '당두봉갈當頭棒喝'이라는 성어가 생겨났다. 선승이 가르칠 때 막대기로 학승의 머리를 때리며 소리 지른다는 말이다.

북송 시대의 선사인 보녕 인용保寧仁勇은 게송을 지어 덕산 선감이 깨달음을 얻은 과정을 노래로 읊었다. 이 게송 역시 무척이나 원기 왕성한 기운을 풍기고 있다.

한 줄기 폭포가 산 앞으로 떨어지니
한밤중 밝은 해가 손바닥에 밝았네.
입 크게 열고 기개 펼치니
누구와 어울려 천하를 다니리오.

一條濕布崙前落　　　일조습포륜전락

半夜金烏掌上明　　　반야금오장상명

大開口來張意氣　　　대개구내첩의기

與誰天下共種行　　　여수천하공종행

　　한밤중에 덕산이 노스승 용담龍潭스님 옆에서 시중을 들었는데 밤이 깊어지자 용담은 그에게 가서 자라고 일렀다. 그러자 덕산은 스님에게 안부 인사를 하고는 곧바로 법당을 나서다 다시 고개를 돌리더니 이렇게 말했다.

　　"밖이 꽤 어둡습니다."

　　그 말에 용담이 초에 불을 붙여 덕산에게 건넸다. 그런데 덕산이 촛불을 건네받으려는 순간 용담이 '후'하고 입김을 내뿜어 촛불을 꺼버리는 게 아닌가. 그 순간 덕산의 마음속에 홀연 깨달음이 왔고 곧장 고개를 숙여 절을 올렸다.

　　"무엇 때문에 절을 한 것인가?"

　　용담이 묻자 덕산의 대답이 돌아왔다.

　　"오늘부터 다시는 하늘 아래 노스님의 말씀에 미혹되지 않을 것입니다."

　　용담이 덕산에게 불을 붙여주었다가 꺼버린 찰나에 덕산은 깨달은 것이다.

　　보녕 인용의 시는 폭포가 쏟아져 내리고 한밤중 갑자기 한 줄기 빛이 손바닥을 비추는 모습을 차용했다. 깨달음의 순간에 '마음이 맑고 깨끗해져 자기의 본성을 발견하고' 세상의 본모습을 철저히 파악하게 된 마음의 상태를 표현한 것이다.

여기서 한 가지 꼭 짚고 넘어가고 싶은 것이 있다. 위 일화는 《경덕전등록景德傳燈錄》 제15권에 이렇게 기록되어 있다. '從今向去不疑天下老和尙舌頭也종금향거불의천하로화상설두야'이다. 종종 이 문구를 '오늘부터 다시는 하늘 아래 노스님의 말씀에 의심을 두지 않을 것입니다'라고 해석한 글을 볼 수 있을 것이다. 하지만 이것은 잘못된 해석이다. 덕산 선감과 임제 의현은 모두 '조사를 헐뜯고 부처를 비방함'을 주창한 매섭기 그지없는 인물들이었다. 만약 자신들이 깨달음을 얻은 결과가 이를 계기로 하늘 아래 노스님의 말을 고분고분 잘 듣는 것이라면 그것이 어떻게 '선'이겠는가! 《설문說文》에 따르면 '疑의심할 의'는 헷갈려 갈피를 잡지 못한다는 뜻이다. 따라서 '불의不疑'는 '의심하지 않는다'는 뜻이 아니라 '갈피를 바로잡게 되었다'는 뜻이 된다. 그래서 보녕 인용은 '누구와 어울려 천하를 다니리오'라는 구절로 깨달음을 얻은 이후 덕산의 호탕한 기상을 표현했다.

이처럼 모든 권위를 뒤집고 마음 안에서 진리를 얻음으로써 호탕한 정신을 구해야 한다는 선종의 정신은 특히 명나라 중기 이후의 사상문화에서 자아의식을 강화하는 데에 중요한 역할을 했다. 이는 중국의 사상사에서 매우 중요한 자리를 차지하고 있다.

자연 그대로
꾸밈이 없는 소박한 삶

선자들이 사상적 권위를 파괴하는 태도를 보일 때 강력하고 뛰어난 정신적 기상이 제대로 드러난다. 하지만 다른 측면에서 선은 매우 쉽고 부드러워 일상생활과 자연환경에 쉽게 융화된다. 선은 꽃이 피고 지며 바람이 불고 구름이 이는 광경을 바라보고, 목동이 부는 피리 소리와 할아버지와 할머니의 잡담을 귀에 담는다. 이렇게 인생의 자유로움을 만끽하는 것이다. 그래서 선의 이상적 경지 속에서는 '선'이라는 생각과 의식은 어느새 사라지고 생활과 자연만 남는다. '봄이 오니 풀잎이 절로 푸르네'는 바로 이런 의미를 표현하는 구절이다.

'봄이 오니 풀잎이 절로 푸르네'는 2008년 산둥성의 대학입학시험에 출제되어 논란을 일으켰다. 이 구절은 글 자체만 보면 어려운 구석이 하나도 없다. 하지만 이 문구에 담긴 뜻이 생각지 못할 정도로 풍성해 선사들이 좋아하는 문구가 되었다.

자연만물이 곧 최고의 진실

《오등회원》에 그 몇 가지 예가 기록되어 있다. 제6권에는 서천 영감 西川靈龕선사의 일화가 실려 있다.

한 스님이 그에게 이런 질문을 했다.

"모든 부처님은 어떻게 성불하셨습니까?"

영감선사가 대답했다.

"그것은 중요하지 않다. 봄이 오니 풀잎이 절로 푸르구나."

불佛 혹은 '부처'는 원래 석가모니에 대한 존칭이지만 불교가 전승되는 과정에서 많은 부처가 생겼다. 그래서 소위 '모든 부처님'이라고 한 것이다. 스님이 제기한 질문의 뜻은 모든 부처님이 어떻게 해서 성불하였는가 하는 것이다. 즉 불성의 근본이 무엇인지 물은 것이다. 그런데 서천 영감은 이 질문에 아무런 의미가 없다고 말했다. 자연만물이 곧 최고의 진리라는 것이다. 바꿔 말해 세상의 본질은 세상의 이면에 숨어 있지 않고 현상에 직접적으로 드러난다는 뜻이다.

제15권에는 운문 문언선사의 일화가 기록되어 있다. 한 스님이 그에게 무엇이 불법의 큰 뜻이냐고 물었다.

문언선사는 "봄이 오니 풀잎이 절로 푸르구나"라고 대답했다.

송나라 운봉 문열雲峰文悅, 998~1062선사는 제자들의 계속되는 질문에 마음이 번거롭고 답답했다. 그래서 시《원거原居》에 이렇게 적었다.

서쪽 들판에 석장을 걸어두었더니

승려들이 나루터를 물어오는 것이 고역이네.

봉우리마다 쌓인 눈 녹고

나무들에는 저절로 봄이 돌아왔구나.

계곡 따뜻해져 샘물 소리 멀리서 들려오고

숲은 깊어져 새소리 새롭구나.

신 한 켤레 남기신 달마의 뜻 생각하니

낙양 사람들이 우습기 그지없네.

掛錫西原上	괘석서원상
玄徒苦問津	현도고문진
千峰消積雪	천봉소적설
萬木自回春	만목자회춘
谷暖泉聲遠	곡난천성원
林幽鳥語新	임유조어신
飜思遺只履	번사유지리
深笑洛陽人	심소낙양인

'석장을 걸어두었는데'는 본래 구름처럼 돌아다니던 스님이 임시로

절에 머무른다는 의미다. 하지만 참선하는 스님들이 꼬치꼬치 캐묻기를 쉬지 않는다. 그가 수행하는 곳으로 와서 깨달음에 이르는 방법을 알려달라고 한 것이다. 사실 이런 질문들에 본래 큰 뜻은 없다. 그러니 도대체 어떻게 그들에게 답변을 하겠는가? 차라리 함께 눈앞의 경치를 감상하는 것이 나을 터였다. 산봉우리에 쌓인 눈이 녹자 봄이 돌아오고 나무들은 초록빛으로 물들었다. 세상은 따사롭게 변하고 시냇물이 불어나니 저 멀리서 들려오는 물소리를 들을 수 있게 되었다. 깊고 고요한 숲 속의 새들 지저귀는 소리는 봄 특유의 기쁨을 띠고 있다.

'봄이 오니 풀잎이 절로 푸르네'처럼 이 시의 '나무들에는 저절로 봄이 돌아왔구나'라는 구절 역시 '저절로'라는 단어를 사용해 강조의 효과를 냈다. 또한 '새소리 새롭구나'에서 사용된 '새롭구나'라는 단어로 대자연이 품고 있는 생기가 제때 드러났음을 부각시켰다.

깨달음은 자연 속에도 있고 소박한 생활 속에도 있다

운거 효순雲居曉舜, ?~1065선사는 성격이 더욱 호방했다. 그는 설법을 시작하면서 이렇게 말했다.

"불법이라는 두 글자를 들으니 내 눈과 귀가 더러워지는 것 같다."

자신은 다른 사람과 '불법'에 대한 대화를 나누고 싶지 않고 선에 대해서도 일자무식이라고 했다.

238

장안은 온갖 사람들이 천하의 명성과 이익을 좇는 장소다.
이곳에서 사람들은 서로 옥신각신하고 권모술수에 여념이 없어서 정신을
죄다 소모하기 마련이다. 소를 타고 피리 부는 어린 목동과 비교했을 때
'명리 좇아 사는 장안의 사람들'은 얼마나 어리석어 보이는가?

나는 선이 무언지 몰라

발 씻고 침상에 올라 잠을 자네.

겨울 오이는 그저 곧을 뿐이고

표주박은 울퉁불퉁하네.

雲居不會禪	운거불회선
洗脚上牀眠	세각상상면
冬瓜直儱侗	동과직롱동
瓢子曲彎彎	표자곡만만

겨울 오이는 곧고 표주박은 울퉁불퉁한 것이 무슨 대단한 지식일까? 그 속에 어떤 대단한 이치가 담겨 있는 것일까? 만일 순노인운거효순의 별호에게 이런 질문을 한다면 그는 이렇게 대답할 것이다.

"그 속에 어떤 이치가 숨겨져 있는지 나는 모르겠네. 하지만 겨울 오이는 곧고 표주박은 울퉁불퉁하지. 아니면 곤장 30대 한번 맞아보든지."

시인은 앞서 언급한 이들의 방식대로 자연 속에서 직접 선의 의미를 느꼈다. 유장경이 지은 〈심남계상도인尋南溪常道人〉처럼 말이다.

외길 따라 지나는 곳

푸른 이끼에 남겨진 발자국을 보네.

흰 구름은 고요히 모래 위에 떠 있고

향기로운 풀 속 사립이 한가로이 닫혀있네.

비 지난 뒤 더욱 푸른 소나무 숲을 보고

산길 따라 걷다가 물 처음 시작되는 곳에 이르렀는데

시냇가의 꽃과 선의 의미

마주하니 말을 잊었네.

一路經行處	일로경행처
莓苔見履痕	매태견리흔
白雲依靜渚	백운의정저
芳草閉閑門	방초폐한문
過雨看松色	과우간송색
隨山到水源	수산도수원
溪花與禪意	계화여선의
相對亦忘言	상대역망언

제목의 '심尋'은 방문을 의미하는데 사전에 약속된 방문이 아니다. 따라서 만나지 못하는 일도 상상할 수 있다. 하지만 이 시의 방문 과정은 오히려 은거 생활에 대한 이해와 깨달음을 더했고 이는 시의 뜻을 이루었다. 당시唐詩에서 이런 유의 시를 심심찮게 발견할 수 있는데 가도賈島, 779~843의 시 〈심은자불우尋隱者不遇〉도 마찬가지다. 이 시에서

'상도인常道人'이 누구인지는 확실하지 않다. 분명한 것은 도사가 아니라는 점이다. 당나라 때는 넓은 의미에서 불교 수행을 하는 사람까지도 '도인'이라 칭하였다. 그런 의미에서 이 시의 결구에 나오는 '선의 의미'라는 표현으로 보아 '상도인'은 불교 신도일 공산이 크다.

은둔자의 거처는 외진 곳에 있어 길을 따라 걷다 보면 산길에 이끼가 가득 끼어있고 그 위에 발자취가 찍혀있다. 만약 인적이 많은 곳이라면 발자국이 발자국 위에 층층이 겹쳐 서로 흔적을 없애버렸을 것이고 이끼가 있다손 치더라도 족적을 남기기 쉽지 않았을 것이다. 이러한 발자취는 은둔자의 생활 흔적으로 방문자들에게 친근감을 주고 더불어 신비함도 느끼게 한다.

문 앞에 도착해 멀리 바라보니 잔잔하게 흐르는 물과 하늘에 유유히 흐르는 하얀 구름이 눈에 띈다. 구름과 물은 본래 서로에게 속한 존재는 아니지만 구름의 차분하고 보드라운 느낌은 오히려 물을 그리워하는 듯하다. 가까운 곳에서 보니 상도인이 거처하고 있는 곳의 문은 닫혀있고 문 주변에 갖가지 생기를 머금은 풀들이 자라있어 '한가로운 사립문'이 더욱 도드라진다.

방문객이 보고 싶은 이를 만나지 못하는 것은 정말이지 허탈한 일이다. 하지만 은둔자를 방문한다는 것 자체가 국가의 중대한 일이나 재무의 득실을 상의하려는 바는 아닐 것이다. 만나고 만나지 못함은 그저 자연의 이치에 맡기면 그만이다. 만나지 못했다고 실망할 필요는 없다. 이왕 상황이 이렇게 됐으니 그냥 자유롭게 걷고 구경하면 될 일이다. 비가 온 뒤 유난히 푸르른 소나무가 우거진 산길을 따라 걷다 보니 어느새 시냇물이 시작되는 곳에 다다르게 된다. 아직도 상도인을 찾고 있는 것일까? 벌써 그 일은 잊어버린 듯하다. '산길을 따라'에서의 '따라'에는 내키는 대로 하는 행동과 목적이 없는 행동이라는 의미가 잘 드러나 있다.

유장경이 선을 매우 좋아했던 점을 감안하면 그가 찾아가려고 한 상도인은 선자일 가능성이 크다. 그는 길을 걸으면서 상도인과 선에 대한 화제를 놓고 대화를 나눌 생각을 했을지도 모른다. 하지만 그는 그 순간 구름과 시냇물과 꽃을 보면서 그것이 바로 '선의 의미'라고 느꼈는데 말하지 않으니 훨씬 낫다고 생각했다.

찾아 나선 길에서 친구를 만나지는 못했지만 친구의 족적을 밟으면서 자연 속 선의 정취를 느꼈다. 이번 여정은 그저 자신과의 마음의 묵약黙約인지라 친구를 만난 것과 같은 셈이었다. 이렇듯 선은 자연 속에도 있고 순박한 생활 속에도 있다.

순수한 마음으로 꾸밈없이 사는 소박한 삶

대혜 종고大慧宗杲, 1089~1163가 선종의 고전적 화두인 '달마가 서쪽에서 온 까닭'에 대해 어떻게 말했는지 살펴보자.

정월 십사 일과 십오 일에

쌍경에서 징과 북을 치니
달마가 서쪽에서 온 까닭을 알려면
마을의 노래와 춤을 보아야 하리.

正月十四十五   정월십사십오

雙徑椎鑼打鼓   쌍경추라타고

要識祖意西來   요식조의서래

看取村歌社舞   간취촌가사무

　대혜 종고선사는 양송兩宋 교체기의 고승으로 남송이 세워진 뒤 여항(餘杭, 지금의 저장성 북부—옮긴이) 경산徑山에 있는 능인선원能仁禪院의 주지가 되어 임제종의 부흥에 중요한 역할을 했다. 위에 소개한 작품은 '설법을 위한 시'로 소흥紹興 9년에 지어졌다. '쌍경'은 경산(徑山, 저장성 북부 항저우에 있는 산—옮긴이)의 지명으로 지금도 쌍경읍이 존재한다. 이곳은 강남 지역에서도 산물이 풍부하고 인구가 많은 지역으로 정월 보름이면 시민들이 떠들썩한 경축행사를 벌인다. 무엇이 '달마가 서쪽에서 온 까닭'이고 무엇이 불법의 근본인가? 이 시는 소박하게 하늘의 뜻에 순수한 마음으로 따르고 아무 걱정 없이 사는 삶이 곧 선의 근본임을 보여주고 불교는 중생을 이롭게 해야 한다는 본뜻을 드러낸다. 그는 《대혜선사어록大慧禪師語錄》에서 이렇게까지 말했다.
　"평소 배움에 정진하는 사대부들이 이전에 공부한 것은 생사화복에

임하여 손발을 다 드러내는 경우가 열에 보통 여덟아홉이니라. 그들의 행위를 생각해보면 서너덧 집 사는 시골구석에서 하릴없이 사는 놈이라도 보잘 것 없는 부귀와 빈천이 그의 마음을 어지럽게 하는 것보다 못하다. 이로써 비교하건대 지혜로운 이가 도리어 어리석은 이만 못하고, 부귀한 사람이 도리어 빈천한 사람만 못하다. 이런 이들이 많으니라."

그의 관점에 따르면 가난한 사람은 욕망과 집착이 오히려 적어 보다 쉽게 깨달음을 얻을 수 있다.

대혜 종고는 주전파(主戰派, 전쟁하기를 주장하는 무리―옮긴이)의 예부시랑 禮部侍郎 장구성張九成, 1092~1159과 깊은 관계를 맺고 마음에 관한 학문에 대해 대화를 나누곤 했다. 《송사宋史》〈장구성전張九成傳〉에 따르면 그 과정에서 종고는 수많은 사람들의 이목을 끌면서 재상 진회秦檜, 1090~1155의 노여움을 사게 된다. 이윽고 국정을 비난한다는 죄명을 뒤집어쓰고 승적을 박탈당하고 16년간 유배를 당하게 되었다. 스님이 정치적 문제로 변고를 당한다는 것은 아주 이례적인 일이다. 그의 불교적 사상이 자신이 살고 있는 속세에 관한 생각과 서로 이어지는 부분이 있었기에 그런 일이 생긴 것이었다.

사적에 따르면 종고가 말년에 경산에 머물렀을 때, 그곳에 '여러 곳의 스님들과 속인들이 뜬소문을 듣고 모여든다'고 했다. 그의 이 짧은 시는 추종자들에 대한 어떤 기대를 표현한 게 아닐까 싶다.

선자가 자연 그대로의 꾸밈없는 삶을 선의 의미가 말하는 완벽한 경지라고 간주하는 순간 풍부한 시적 의미를 지닌 목동의 이미지는 그 전형적 모델로 탈바꿈하게 된다. 황정견黃庭堅, 1045~1105의 시 〈목동牧童〉이 좋은 예다.

소 타고 멀찍이 앞마을 지나는데
피리 소리 바람 타고 언덕 너머까지 들려오네.
명리 좇아 사는 장안의 많은 사람들
온갖 재주 다 부려도 목동만 못하네.

騎牛遠遠過前村　　기우원원과전촌
吹笛風斜隔壟聞　　취적풍사격롱문
多少長安名利客　　다소장안명리객
機關用盡不如君　　기관용진불여군

《오등회원》에도 목동을 주제로 한 선시가 다수 수록되어 있다. 제16권에 실린 지장 수은地藏守恩선사의 시 한 편이 바로 그렇다.

비 온 뒤 비둘기가 울고
산 밑에는 보리가 익어가네.
목동은 어디 있는가.
소를 타고 웃으며 서로 쫓네.

방자하게 피리 불지 말아라.

한 곡조 두 곡조 바람 앞에 흐르네.

雨後鳩鳴	우후구명
山前麥熟	산전맥숙
何處牧童兒	하처목동아
騎牛笑相逐	기우소상축
莫把短笛橫吹	막파단적횡취
風前一曲兩曲	풍전일곡량곡

  이 작품은 설법을 위한 시로 참선의 초입에 있는 스님들을 묘사했
다. 설법을 할 때는 반드시 소를 모는 동자승들이 승당 가운데 앉아 있
게 마련이다. 이들이 승당에서 읽고 있는 것은 무엇일까? 비온 뒤 보
리 익는 소리인가, 소를 타고 서로 쫓는 소리인가, 마음껏 피리 부는
소리인가. 아마도 제정신을 차리지 못했나 보다. 아직도 깨닫지 못한
걸까? 혹시 사실은 참선이 불필요한 일은 아닐까?

  서위徐渭, 1521~1593는 중국 회화 역사에서 가장 걸출한 인물로 손꼽
히며 청등靑藤이라 불렸다. 청나라 때 문인이자 화가인 정판교鄭板橋,
1693~1765와 20세기 중국을 대표하는 화가이자 전각 예술가인 치바이
스齊白石, 1860~1957도 '청등 문하의 추종자'가 되고 싶다고 밝힌 적이
있을 정도다. 서위의 그림은 마음껏 흥취를 좇고 풍부한 삶의 정취를

담고 있다. 그는 말년에 아이가 장난치는 장면을 즐겨 그렸고 삶의 정취가 뭉근히 배어 있는 시를 썼다. 그의 시 〈제풍연도題風鳶圖〉를 살펴보자.

몰래 연 날리러 가 집에 없기에
선생님이 동무를 보냈지만 데려오지 못했네.
누군가 봄날의 야외를 가리키는데
눈 속에 비친 빨간 옷이 바로 그 아이구나.

偸放風鳶不在家　　투방풍연불재가
先生差伴沒處拿　　선생차반몰처나
有人指點春郊外　　유인지점춘교외
雪下紅衫便是他　　설하홍삼편시타

아직 눈이 오고 있는데 사내아이는 공부를 빼먹고 연을 날리러 갔다. 눈도 녹지 않았는데 연날리기 하는 성미 급한 학생이 되려는 것일까? 선생님과 부모님 눈에는 꾸중을 들어야 할 행동이다. 하지만 '눈 속의 빨간 옷'은 얼마나 아름다운 그림인가. 아무 걱정 없는 아이에게 전원의 정취가 충만한 생활은 얼마나 즐거울까! 이 시에는 깨달음과 관련된 언어가 전혀 등장하지 않지만 그 자체로 선의 정취를 내포하고 있다. 서위 본인은 선에 대해 상당히 높은 수양을 쌓은 사람이다. 앞에서 말한 바와 같이 선의 이상적 경지는 '선'의 관념이 없어진 상태다.

이제 서위의 이야기로 결론을 맺어보자. 서위가 열정적으로 아이의 모습을 묘사할 때 그는 어느덧 나이가 들었고 속세의 불우함과 고통의 길에서 벗어나 있었다. 이제 그가 표현하고자 하는 바는 교활함이 완전히 배제되고 온전히 순수로만 채워진 상태이자 고통을 겪은 뒤에만 그 소중함을 알 수 있는 인간 본연의 순박함이다. 이것은 수많은 인생의 경험 위에서 비로소 가능하다.

삶도 수행도
생기 넘치게

'봄이 오니 풀은 절로 푸르네'가 표현하고자 하는 선의 경지는 매우 순박하고 단순하지만 동시에 풍부하고 깊다.

선이 여러 분야의 예술적 형태로 표현될 때 대부분 고요하고 적막한 분위기를 풍긴다. 이는 일본의 선 문화에서 더욱 도드라진다. 다도를 선보이는 과정이 상당히 엄숙하고 경건하게 이루어지고 일본식 정원도 자못 스산한 분위기를 풍긴다. 그렇다고 해서 이런 분위기가 선에 대한 감흥이나 표현에 지장을 주지는 않는다. 오히려 더욱 생동감이 넘치고 활기차다.

'생기 넘치는'이라는 중국어에서 '생기 넘친다'는 뜻을 지닌 '活潑潑'는 '활발하게 헤엄치다'는 뜻의 '活鲅鲅'와 함께 쓰이는데 물고기 꼬리가 날렵하게 움직이는 모양을 나타낸다. 생기가 넘치고 총기가 뛰어난 상태를 묘사하고 있다. 표현이야말로 선가의 익숙한 언어다. 게다가 선가에서 사용함으로써 비로소 사람들에게 점차 익숙해지면서 일상적인 단어가 되었다. 일찍이 당나라 때 조주 종심은 《조주선사어록趙州禪師語錄》에 '선자란 생기가 넘쳐야 하느니, 마른 나무나 불씨가 꺼져버린 재가 돼서는 안 된다'라고 했다.

선종이 '생기가 넘친다'라는 말을 중시하는 이유는 선의 깨달음이란 '사람의 마음을 곧장 가리키고, 마음을 밝혀 본성을 보는' 과정이어서 어떠한 과장이나 조작도 용납하지 않기 때문이다. 이것뿐만 아니라 선자들 사이에 오고 가는 행동이나 제자들에 대한 선사들의 가르침은 전광석화처럼 순간순간 일어나는 일상으로 어떠한 고정된 절차도 따르지 않기 때문이다. 결론적으로 말해 선의 깨달음이 궁극적으로 추구하는 것은 정신의 해탈이다. 선자들은 사람의 심성과 진리의 본성이 그 속성상 일치한다고 보았고 본체는 가려지지 않은 상태에서만 활발한 생기를 충만히 얻을 수 있다고 생각했다.

생기 넘침은 유가의 일상어

송나라 때의 이학자들은 선종의 영향을 깊이 받아 '생기 넘침'을 유가의 일상어로 사용했고 주희朱熹, 1130~1200는 특히 더했다. 그는 천리(天理, 송나라 이학자들이 주장하는 객관적으로 존재하는 도덕법칙—옮긴이)'의 운행은 '생기가 넘치는 것'이라 말했고 학문을 하는 데 들이는 노력도 마땅히 '생기기 넘쳐야 한다'고 했다. 결국 이학자들은 도덕수행을 최고의 경지로 보았지만 이런 수양의 성취와 사람이 지닌 본연의 심성이 일치되기를 바랐다. 고루하고 경직된 사상과 방식을 반대한 것이다.

주희는 〈관서유감觀書有感〉이라는 시에서 이러한 이치를 설명했다.

반 이랑 네모난 연못에 거울 하나 열리니

하늘빛과 구름 그림자 모두 그 안에 떠도네.

연못에 물기를 어찌 그처럼 맑을 수 있는가 하니

맑은 물이 흘러나오는 근원 있어서라네.

半畝方塘一鑒開   반무방당일감개

天光雲影共徘徊   천광운영공배회

問渠那得淸如許   문거나득청여허

爲有源頭活水來   위유원두활수래

'감鑒'은 거울이다. 고대의 거울은 구리를 주조해 특수한 기술로 윤을 낸다. 쉽게 더러워지고 녹이 슬어 대개는 화장함 뚜껑 밑 부분에 붙여 필요할 때 열고 볼 수 있게 해두었다. 첫째 구는 작은 연못이 방금 연 거울 같다고 묘사했다. 맑고 투명하다고 표현하면서 동시에 시선이 닿았을 때의 기쁜 감정을 드러낸다.

거울의 용도는 사물을 비추는 것이다. 그렇다면 거울과 같은 '반 이랑 네모난 연못'에서 무엇을 볼 수 있을까? 하늘빛과 구름 그림자가 모두 물결 위에서 빛을 발하면서 움직이고 있다. 얼마나 아름다운가! '모두 그 안에 떠도네'로 '하늘빛과 구름 그림자'를 묘사했다. 참 예쁜 구절이다. 이 시는 물결이 출렁여 만들어낸 거꾸로 비친 광경을 묘사했고 동시에 활력이 넘치는 분위기를 과장되게 묘사했다. 마치 연못에 생명이 있어서 외부의 경치가 물결 위에 비취기만 하면 생기 넘치는 상태로 바뀌는 것처럼 말이다.

연못은 작지만 연못이 수용할 수 있는 세계가 얼마나 넓고 원대한지, 풍부하고 생동감 넘치는지 알아야 한다. 그러기 위해서는 일정한 조건이 필요하다. 그래서 셋째 구에서는 질문의 방식으로 전환을 시도했다. 연못이 어쩜 그렇게 맑고 투명할 수 있는가? 여기에 더 나아가 절정의 마지막 구를 배치했다. '맑은 물이 흘러나오는 근원'이 연못에 끊임없이 맑음을 불어넣고 있다는 것이다.

이 시의 취지로 보면 '반 이랑 네모난 연못'은 사람의 마음을 뜻한다. 옛 사람들은 '사방 한 치의 땅'으로 사람의 마음을 표현해 사람이 얼마나 옹졸한지를 언급했다. 하지만 달리 생각하면 사람의 정신세계는 얼마나 신기하고 넓은가. 예로부터 그 마음으로 천문지리를 모두 수용할 수 있었다. 게다가 아름답고 끝없는 세상을 피동적으로 받아들이지 않고 만물을 감상하고 그 만물에 새로운 생명과 풍채를 안겨주었다. 작고 작은 연못에 '하늘빛과 구름 그림자 모두 그 안에 떠도네'는 아름다운 경치로 사람의 정신세계를 상징함으로써 몹시 기뻐하는 생동감을 느끼도록 했다.

물론 사람의 마음은 워낙 유별나서 항상 맑은 마음의 경지를 유지하기란 쉽지 않다. 그렇다면 어떻게 청명하고 넓으며 생기 넘치는 마음을 유지할 수 있을까? '반 이랑 네모난 연못'은 '맑은 물이 흘러나오는 근원'이 끊임없이 맑음을 보충해주고 있어 '그처럼 맑을 수 있는' 것이다. 사람의 정신세계도 반드시 근원이 필요하다. 이 시는 주희가 허순지許順之에게 보낸 편지에 처음으로 써넣었고, 그 후로 주희와 허순지 사이에는 수많은 편지가 오고 가면서 이학의 문제를 두고 토론이 거듭되었다.

이 시에 숨겨져 있는 사람의 정신세계를 끊임없이 보충해주는 정신적 영양제는 주희가 말하고 있는 '생기 넘치는' 천리다. 천리는 쉬지 않고 유행하며 만물에 생기를 충만케 한다. 《주자어류朱子語類》에 따르면 주희가 학생들에게 이렇게 가르쳤다고 한다.

"산에 가득한 청색 빛이며 황색 빛이며 진한 녹색 빛은 천지의 운행 속에서 유행하고 발견된다."

여기에서 '발견된다'는 곧 드러난다는 의미를 지닌다. 그에게 있어 대자연의 변화와 초목의 푸르름과 시듦은 '하늘의 뜻'이 드러난 것이고, 도를 구하는 사람의 마음속 생기를 자극해 감동케 하는 것이다.

글을 적을 때에도
평범한 글귀를 궁리하는 일을 피하라

주희는 '생기가 넘침'을 사상의 경지로 설명했다. 송나라 문인들은 선종의 영향을 받아 시가를 창작하는 과정에서 '살아있는 묘사'에 대한 이상을 만들고 예술적 표현에 더욱 심취했다. 육유陸游는 〈증응수재시贈應秀才詩〉라는 시에서 "글을 지을 적에 진부한 글귀를 궁리하는 일을 꼭 피하라"라고 말했고 사미녕史彌寧은 《시선詩禪》에서 "시인의 살아 있는 묘사는 선기(禪機, 승려가 설법을 할 때 언행이나 사물을 통해 교의를 암시하는 비결-옮긴이)와 같다"라고 했다. 모두 같은 말이다. 무엇을 '살아있는 묘사'라고 하는 것일까?

두 가지 핵심이 있다. 첫째는 외부 사물에 대해 고도의 예민함을 가지고 평범한 상황을 묘사할 때도 늘 새로운 느낌을 가미하는 것이다. 둘째는 낡은 형식에 얽매이지 않고 생동감 있는 언어를 사용하는 것이다. 결국 '살아있는 묘사'는 활기에 차있는 생명의 상태를 체현한 것이다. 살아있는 묘사로 쓰인 시는 종종 이치를 설명하는 부분을 포함하지 않고도 사람들에게 '도리가 지닌 운치'나 '선의 정취'를 느끼게 한다. 여기에는 자연과 인생에 대한 시인의 깨달음이 함축되어 있기 때문이다.

소식의 《혜숭춘강효경惠崇春江曉景》은 제화시(題畫詩, 그림을 보고 지은 시-옮긴이)로 송나라 때의 화승畫僧 혜숭惠崇, ?~1017이 그린 '춘강효경春江曉景'에 부친 시다. 하지만 사경시(寫景詩, 자연의 아름다움을 직접 표현한 시-옮긴이)로 간주하고 읽어도 상관없다.

대나무 숲 저편에 복숭아꽃 핀 두세 가지

봄 강물 따뜻해지니 오리가 먼저 안다.
쑥 수북이 솟은 땅 갈대 짧게 움트는데
지금이 복어가 강으로 올라올 때구나.

竹外桃花三兩枝   죽외도화삼량지
春江水暖鴨先知   춘강수난압선지
蔞蒿滿地蘆芽短   누호만지노아단
正是河豚欲上時   정시하돈욕상시

첫째 구는 대나무 숲에서 멀찌감치 떨어진 곳에서 복숭아꽃이 핀
가지 몇 개가 하늘거리는 자태를 묘사했다. 붉은 복숭아와 푸른 대나
무가 서로 대비를 이루면서 완연한 봄기운을 드러내고 있다. 복숭아
꽃은 '두세 가지'에만 피어 아직 만개한 상태는 아니다. 이 두세 가지는
연약하고 곱기만 한 것 같지만 되레 생기가 흘러넘쳐 사랑하지 않을
수 없다. 이어서 강물이 따스해지자 오리가 물속에서 활기차게 장난치
는 모습을 그렸다.

청나라 학자인 모희령毛希齡은 사람들과 논쟁하기를 즐겨 이 시에
대해 이런 비평을 했다.

"봄에 강물이 따스해지면 오리가 먼저 알까? 거위가 먼저 알까?"

이 평은 순전히 트집을 잡기 위한 말이다. 만약 '거위가 먼저 알았
다'라고 썼다면 또 쓸데없이 이런 시비를 걸었을 것이다. "오리는 왜

송나라 문인들은 선종의 영향을 받아 시가를 창작하는 과정에서
'살아있는 묘사'에 대한 이상을 만들고 예술적 표현에 더욱 심취했다.
육유는 〈증응수재시〉라는 시에서
"글을 지을 적에 진부한 글귀를 궁리하는 일을 꼭 피하라"라고 말했다.
무엇이 '살아있는 묘사'일까?

몰랐던 걸까?"

이 시의 백미는 오리라는 소재를 선택하여 봄에 대한 시인의 민감함과 기쁨을 암시한 것이다. 봄이 오면 오리가 물에서 노는 모양과 우는 소리는 어떻게 변할까? 꼼꼼하지 못하고 둔감한 사람은 이런 변화에 별다른 감상을 느끼지 못할 것이다. 반면 민감한 시인들은 이 광경에서 대자연의 생기를 깨닫는다. 물론 이 시 속에는 철학적 이치가 내포되어 있다. 사물과 수시로 접촉하고 그런 행위에 익숙한 사람만이 자연의 섬세한 변화를 발견할 수 있다는 것이다.

하지만 이 시의 저자가 그렇게 분명한 의도를 가지고 시를 쓴 것 같지는 않다. 이 시는 물가 옆 복숭아꽃과 물속의 오리, 그리고 물가에 넓게 펼쳐져 있는 쑥과 갈대를 매우 자연스럽게 한꺼번에 묘사했다. '쑥 수북이 솟은 땅 갈대 짧게 움트는데'는 초목이 무성하게 자란 경치로서 마지막 구와 아주 밀접한 연관을 맺고 있다. 당시의 강남 사람들은 복어를 익힐 때 반드시 물쑥과 갈대와 배추를 넣는 생활습관이 있었다. 이것에 대해 소식의 제자인 장뢰張耒, 1054~1114는 《명도잡지明道雜志》에 다음과 같이 기록했다.

"복어는 독이 있지만 맛이 좋은 어류여서 '목숨을 내걸고 복어를 먹는다'는 말이 있을 정도다. 복어는 통상 칭밍제(淸明節, 중국 4대 명절 중 하나, 4월5일−옮긴이) 무렵 바다에서 양쯔강 중하류로 헤엄쳐 오른다. 쑥과 갈대가 그새 자라있어 복어도 헤엄쳐온 것이다."

'지금이 복어가 강으로 올라올 때구나'는 계절의 변화를 가리킴과 동시에 복어에 대한 기대감을 묘사한 것이다. 소식은 잘 알려져 있듯이 미식가다. 지금 우리가 즐겨 먹는 요리 중에는 소식이 고안해낸 것으로 알려진 요리가 꽤 있다. '동파육'도 그중 하나다. '복어가 강으로 올라온다'라는 묘사는 마치 미식가인 시인이 집게손가락을 들어 어서 그 장관을 보라고 손짓하는 듯한 느낌이 든다.

사실 이 시는 특별한 사물을 묘사하고 있지 않다. 시에 등장한 사물들은 모두 우리에게 익숙하다. 하지만 시를 읽다 보면 마음속에서 애정이 새록새록 생긴다. 그 활기찬 움직임과 생명력 때문이다. 대자연은 시기적절하게 아름다운 사물을 사람들에게 선보이고 이로 인해 생명은 더욱 아름답게 빛난다.

생동감 넘치는 시인 양만리의 작품들

'살아있는 묘사'를 가장 적절히 운용해 독자적인 풍격風格을 만들어낸 시인이 바로 남송의 양만리楊萬里, 1124~1206다. 그의 시는 '성재체誠齋體'라 불리기도 했는데 '성재'는 양만리의 호다.

양만리는 《형계집서荊溪集序》에 자신의 시 경력을 적었다. 그는 먼저 당나라 시인들의 시를 공부했고 그다음으로 왕안석王安石, 1021~1086, 진사도陳師道, 1053~1101 그리고 강서파(江西派, 북송 말기부터 남송 초기에 걸친 시의 유파―옮긴이)에 속한 수많은 시인들의 시를 공부했다고 했다. 그가 이렇게 공부에 매진하던 어느 날 '문득 깨달음이 오는 듯'했다. 공부하지 않은 주제도 흥취에 따라 자유롭게 글을 쓸 수 있다는 것이다. 이때의 느낌을 그는 '후원을 거닐고 오래된 성을 오르며 푸성귀를 따고 꽃과 대나무에 가까이 가서 헤집으니 온갖 현상이 한꺼번에 닥쳐오고 시재詩材가 드러나면서' 아주 순조롭게 시를 쓸 수 있었다고 표현했다. 이 묘사는 그 자체로 선의 깨달음의 정취가 듬뿍 배어 있다.

양만리의 시가 지닌 가장 대표적인 특징은 대체로 문장이 간단명료하고 의미의 맥락이 거침없고 소재가 평범하며 생동감 있는 정취를 풍긴다는 점이다. 〈소지小池〉라는 제목의 시가 바로 그렇다.

> 샘구멍은 소리 없이 가느다란 물줄기를 아끼고
> 물에 비친 나무 그림자는 물에 비춰보며 맑고 온화함을 좋아하네.
> 작은 연꽃이 겨우 뾰죽이 모서리를 내밀었는데
> 어느새 잠자리가 그 위에 올라앉았네.

泉眼無聲惜細流　　천안무성석세류
樹陰照水愛晴柔　　수음조수애청유
小荷纔露尖尖角　　소하재로첨첨각
早有蜻蜓立上頭　　조유청정입상두

물줄기 하나가 샘구멍에서 소리 없이 흐르니 '아끼는 마음'이 든다. 연못가의 푸른 나무가 물에 비치고 풍경은 맑고 온화해 '좋아하는 마음'이 드는 것이다. 평안하면서도 신명이 난 마음으로 시인이 감상하는 연못은 '작은 연못'에 불과하지만 오롯이 품위 있고 아름다운 자태를 뽐내고 있다.

그런 다음 민첩하고 날렵한 풍경이 이어진다. 작고 여린 연꽃이 막 삐죽이 잎의 끝을 내밀었는데 그새 잠자리가 날아와 그 끝에 올라선 것이다. 본래 눈에 잘 띄지 않는 광경으로 '겨우 내민 것'과 '어느새'는 갑작스럽게 드러난 미묘한 정취를 느끼게 해준다. 작은 잠자리는 자연의 아름다움에 대한 발견자이자 애호가 같다. 여린 연잎 위에 잠시 서 있는 모습은 정감이 넘치면서 사람들에게 무엇인가를 알려주려는 것 같다.

잠자리가 연못에 날아온 이유는 먹을 것을 찾기 위해서였을 것이다. 작은 연꽃의 가장자리 어느 한 부분에 멈춰 서든, 말라버린 연꽃의 끊어진 줄기 위에 멈춰 서든 그것은 어디까지나 우연일 뿐이다. 그런데 시인의 시선이 잠자리에 주목하면서 재빠르게 곤충과 여린 연잎이 서로 의지하고 가까워지는 상황을 감지했다. 시인은 고요하면서도 우아한 작은 연못에 자연의 신비한 능력을 불어넣었다. 이 시에서 진정으로 독자의 마음을 움직인 것은 바로 시인의 민감함이었고, 시인은 조금만 늦어도 사라져버렸을 경치의 변화 속에서 가장 감동적인 순간을 포착해냈다.

잠자리 한 마리가 연잎 위에 날아온 것은 무엇을 의미할까? 이 사소함이 오랜 세월 전해질 좋은 시를 탄생시킨 것은 아닐까? 18세기 영국의 시인인 윌리엄 블레이크William Blake, 1757~1827의 시가 아마도 이 문제에 간접적인 대답을 줄 수 있을 것이다.

한 알의 모래 속에서 세상을 보고 한 송이 들꽃 속에서 천국을 보네.
그대의 손바닥 위에 무한을 쥐고 한순간에서 영원을 붙잡네.

시인은 극도로 평범한 곳에서 아름다움을 발견할 수 있었다. 생기 때문이었다. 생기는 삶에 활력을 주입한다. 그러니 '생기'란 그냥 넘겨버릴 수 없는 것이다.
양만리가 〈주과사담舟過謝潭〉이라는 시에서 좋은 예를 보여주었다.

푸른 술 때로 한두 잔 기울이니
그제야 배의 문이 닫혔다 또 열리네.
아름다운 산의 수많은 주름 보는 이 없는데
저녁 해가 모두 집어내는구나.

碧酒時傾一兩杯   벽주시경일량배
船門才閉又還開   선문재폐우환개
好山萬皺無人見   호산만추무인견
都被斜陽拈出來   도피사양념출래

이 시는 양만리가 광동에서 강서로 돌아오는 여정 중에 지은 작품이다. 시의 문체는 〈소지〉보다 훨씬 순박하고 간결하다. 배를 타고 긴 여정을 나서는데 간간이 무료함이 찾아와 술 몇 잔을 마셨다. 배 바깥쪽을 보니 저녁빛이 사방에 돌고 사람들은 쉬려는지 누군가를 시켜 배의 문을 닫게 했다. 그러다가 갑자기 다시 문이 열렸다. 그래서 마지막으로 저 먼 곳을 한 번만 내다보려 했는데 한 폭의 아름다운 두루마리 그림을 보고 말았다. 석양이 비스듬히 비추자 많은 산들의 명암이 서로 대비를 이루고 울퉁불퉁 굴곡을 이루면서 제각각인 모습이 유달리 선명하고 풍성하게 드러난다. 한 번도 집중해서 보지 않았던 광경인데 이제 보니 감탄을 금할 길이 없다.

이 시의 생동감을 논하는 데 있어 묘사의 측면에서 본다면 작가는 산을 관찰한 그 순간의 정서적 변화를 명쾌하게 복원시켰다. 기쁨의 상태를 생생하게 표현해내 독자도 곧바로 작가와 같은 감동을 받을 수 있도록 했다. 동시에 이 시에는 양만리 특유의 아름다움에 대한 민감성도 드러난다. 중국에서 루쉰魯迅, 1881~1936 이후 최고의 작가로 불리는 첸중수錢鍾書, 1910~1988는 "그의 시는 영화를 찍을 때의 패스트 모션(fast motion, 피사체의 움직임을 정상보다 빠른 동작으로 보여 주는 것–옮긴이)처럼 변하는 모습을 잘 포착할 줄 알고 화면이 정지한 것과 같은 효과를 가미해 경치가 시 속에서 더욱 도드라지게 만들었다"라고 했다.

이 세상의 모든 선과 색채는 빛이 만들어낸 결과이고 빛과 만물의 관계는 영원하고 무궁한 변화 속에 존재한다. '아름다운 산의 수많은 주름'은 석양이 '집어낸' 것이라고 말했을 때, 이는 곧 그 순간 햇빛이 바로 가장 위대한 화가라고 말하는 것이다. 문제는 '눈으로 보아 모양을 만든다'라는 조건이 있어야 한다는 점이다. 어쨌든 아름다움에 민감한 사람, 그리고 대자연의 움직임과 긴밀히 통하는 마음을 가진 사람만이 그 절묘한 순간을 느낄 수 있다. 마음과 대자연의 공통된 역할은 새로운 경치를 포착했을 때 그 완벽한 형태를 눈앞에 펼쳐지게 하는 데 있기 때문이다.

동심은 자연이 부여한
위대한 활력

중국의 시가 역사에서 공자진龔自珍, 1792~1841은 고전의 전통을 계승하면서 현대적 분위기에도 근접한 시인으로 평가되고 있다. 그래서 대중들의 각별한 관심과 사랑을 받고 있다. 또한 그는 자신의 서재를 '홍선실紅禪室'이라 불렀을 정도로 경건한 불교 신도였다.

그렇다면 소위 '현대적 분위기'와 그의 불교적 취향은 어떤 관계가 있을까? 이미 앞에서 선종 사상에는 권위를 배척하고 본성을 고양시키며 해탈을 추구하려는 생각이 포함되어 있다는 것을 언급한 바 있다. 사회가 변하는 과정에서 이런 선종 사상의 특징은 개인의 자유를 존중하는 정신에 촉매제 역할을 하고 있다.

이 시점에서 '자유'라는 단어를 분석해보자. 대체적으로 이 개념은 고대 중국의 책에서 심심찮게 발견할 수 있다. 발견할 수 있다는 것이지 대부분은 긍정적 가치를 표현하지는 않는다. 중국 육조 시대의 작자 미상의 장편 서사시인 〈공작동남비(孔雀東南飛, 중국의 오언시 중 가장 긴 서사시로 357구에 이른다. 다음과 같은 서序와 함께 발견되었다. '한나라 말엽의 하급 관리 초중경의 처 유 씨는 시어머니에 의해 쫓겨난다. 그녀는 재혼하지 않겠다고 맹세했지만 친정의 강요로 마침내 물에 빠져 죽었다. 중경은 이를 듣고 또한 스스로 목을 매니 세인이 이를 가엾이 여겨 시를 지은 것이다.'-옮긴이)〉에는 초중경焦仲卿의 어미가 아들을 꾸짖으며 한 말이 나온다.

"내가 마음속으로 오랫동안 분을 품고 있었는데, 네가 어찌 멋대로 할 수 있는가!"

그녀는 아들이 부인 유난지劉蘭芝를 감싸는 행동이 부모의 말을 거역하고 말도 안 되는 '자유'를 표명하는 태도라고 여겼다.

자유에 대해 긍정적인 태도를 보인 대표적인 이가 청나라 말기의 사상가 옌푸嚴復, 1854~1927이다. 그는 '논세변지극論世變之亟'이라는 논문에서 아주 격앙된 논조를 폈다.

"대저 자유라는 말은 진실로 중국 역대 성현들이 감탄해 마지않았던 것이다. 그런데 아직도 가르치려 하지 않는단 말인가."

그런가 하면 후스胡適, 1891~1962처럼 중국 사상사를 연구하는 사람들은 대부분 중국 고전의 전통 관념에서는 언급할 만한 '자유'가 없었다고 생각했다. 하지만 후스의 생각은 사실 선종의 고서 체계를 무시한 처사에서 비롯된 것이다. 리광량李廣良의 《선종의 자유정신禪宗的自由精神》에는 자유의 문제에 대해 아주 유익한 토론이 실려있다. 그는 수

십 가지의 예를 들어 선종에서는 이미 빈번히 '자유'라는 개념을 사용했을 뿐만 아니라 '자유로움'과 '몸과 마음이 자유로운 사람'을 선 수행의 근본 목표로 설정했음을 증명했다. 선종이 추구하는 '자유'는 사회 정치적인 측면을 직접적으로 다루지 않는다. 다만 삶의 자유를 추구한다.

동심은 천지조화에 근본을 둔 사람의 본심

여기서 잠시 공자진의 일생을 간단히 말하자면 그는 명문대가 출생이었고 그의 외조부 단옥재段玉裁, 1735~1815는 대학자였다. 공자진 본인 역시 어려서부터 재주가 남달랐지만 과거급제가 늘 순탄치 않아 서른여섯 살이 돼서야 겨우 제3급에 합격해 '동진사同進士, 부진사副進士라고도 함'라는 벼슬길에 올랐다. 후에 그는 벼슬이 종7품에까지 올랐지만 자신의 처지를 생각하면 늘 한심하고 헛웃음만 나올 뿐이었다. '관직은 낮지만 명성은 크고 기백은 높고 사상은 예리하고 처신이 진중하다'가 그에 대한 정확한 묘사일 것이다. 그래서 중국의 사상가인 량치차오梁啓超, 1873~1929는 그를 프랑스의 사상가이자 소설가인 루소Jean Jacques, Rousseau, 1712~1778와 같다고 했다.

공자진의 시는 대개 아름다운 색채와 기이한 사상, 그리고 강렬한 생동감을 갖추고 있다. 마치 불경에 묘사된 기이한 경지의 영향을 받은 듯하다. 하지만 더욱 중요한 것은 그의 시가 자유로운 의지를 표현하고 있다는 점이다. 《몽중작사절구夢中作四截句》 중 시 한 수가 그렇다.

돈도 다 날리고 청춘도 가버렸으나
천부적인 동심은 아직 사라지지 않았네.
달더러 발 밖의 붉은빛 바다에서 떠오르라 호통치고
사방의 꽃 그림자가 노도와 같이 세차게 일어나네.

黃金華髮兩飄蕭   황금화발량표소
六九童心尙未消   육구동심상미소
叱起海紅簾底月   질기해홍렴저월
四廂花影怒於潮   사상화영노어조

이 시는 도광道光 7년에 지어졌으며 당시 공자진은 서른여섯 살로
과거에 응시하기 위해 북경으로 가고 있었다. 그는 여러 차례 시험을
치렀지만 진사에 합격하지 못해 삶이 매우 궁색했다.

앞의 두 구는 궁핍한 형편을 묘사했다. 오랫동안 타지에서 떠돌아
다니면서 돈도 다 소진해버렸고 그새 머리도 희끗희끗해졌다. 하지만
어린아이 같은 천진한 마음이 여전히 살아있고 원대한 포부도 남아 있
다. 왜 '육구동심'이라 했을까? 《역경》에는 6이 음괘고 9가 양괘여서 이
음양의 괘는 서로 보완해 순환을 이룬다고 했다. 따라서 이 시에서 말
하는 '동심'은 단순히 유년의 마음을 말한 것이 아니라 천지조화에 근

본을 둔 사람의 본심을 가리킨다. 만약 저속한 세상에 의해 닳고 닳지 않았다면 자연이 부여한 위대한 활력을 갖고 있는 마음이다.

다음의 두 구는 꿈속의 광경을 묘사했다. 원문의 '해홍海紅'은 글자 그대로만 해석하면 '해당화'나 '홍귤나무' 정도로 해석할 수 있는데 이 시에서는 둘 다 틀린 해석이다. 시 전체적으로 드러나고 있는 충만한 기상과 부합되지 않기 때문이다. 마지막 구의 '조潮'와 상응하지도 않는다. 아마도 '해홍'이라는 글자를 도치시켜 '붉은 바다'라고 하거나 아니면 아예 직접적으로 '바다의 붉은 빛처럼시구는 어법에 맞는지 까다롭게 따지지 않는다'이라고 이해해야 한다. 전체 구절을 보면 '달더러 발 밖의 붉은 빛 바다에서 떠오르라 호통을 치고'라고 해석할 수 있다. 그렇다면 붉은빛 바다는 도대체 무엇인가? 달빛이 비치면서 보이는 주변은 온통 꽃의 바다이고 꽃 그림자가 물결처럼 세차게 일어난다.

이는 분명 기이한 꿈속 정경이고 생명력의 위대함과 비할 바 없는 아름다움을 은연중에 나타내고 있다. 또한 꽃 그림자가 파도처럼 힘차게 용솟음치는 모습을 묘사한 것은 모든 장애를 돌파하고 자유가 역동하는 갈망을 표현하고 있다.

명성과 이익을 좇으며
우리는 얼마나 많은 것을 잃고 사는가

명나라 말기 사상가인 이지李贄, 1527~1602는 '동심설童心說'을 주창했다. 자신의 저서 《분서焚書》 제3권 〈동심설〉에 '무릇 동심이란 거짓이 없는 순진 그 자체로 사람이 태어나서 가장 먼저 갖는 본래 마음이다. 동심을 잃어버린다면 진심을 잃어버리게 된다. 진심을 잃어버리면 참된 인간성도 잃어버리게 된다'라고 자신의 생각을 적었다. 공자진도 '천부적인 동심'을 힘주어 말했다. 그는 동심이 자연의 조화에서 비롯된다고 했다. 이는 이지의 사상과 일맥상통한 면이 있다. 불교계의 거목인 펑즈카이豐之愷, 1898~1975의 《불성·동심佛性·童心》이라는 제목의 그림책 역시 이 둘을 함께 놓고 바라봤다. 역대 선자들은 불성을 묘사할 때 마냥 밝고 순수하게 표현하곤 했다. 가령 앞에서 언급한 바 있는 맑은 연못이 그 전형적인 상징법이다. 그런데 공자진의 시에 등장하는 불성의 동심은 되레 세차게 일렁이는 꽃 그림자로 변환되었다. 이러한 변화는 아주 깊은 의미를 지닌다.

어린아이의 슬픔과 즐거움이 어른보다 크고
노래와 눈물은 아무 이유 없으나 구구이 진실되네.
어느덧 장성해 세상과 사귀니 어리석음과 교활함이 섞여
어린 마음이 꿈속에 오가네.

少年哀樂過於人   소년애악과어인
歌泣無端字字眞   가읍무단자자진
旣壯周旋雜癡黠   기장주선잡치힐

童心來復夢中身   동심래복몽중신

    위의 시는《기해잡시己亥雜詩》제170편으로 연대가 대략 앞에 소개한 시보다 10년 정도 뒤에 지은 듯하다. 이 시 역시 동심을 말하고 있다. 어린 시절에는 동심의 순진함이 유지되는데 그때의 슬픔은 뜨거운 마음에서 오고 행복도 뜨거운 마음에서 온다. 노래를 부르든 눈물을 흘리든 그 모든 것은 대개 까닭 없이 발생하고 설명하려 해도 이유가 없다. 그러면서도 거기에는 한 점의 거짓이나 조작이 섞여 있지 않다. 어린아이의 노래와 눈물은 아무 이유가 없어 어른 세계의 시선으로 가늠하면 웃음만 나오는 행동이다. 그래서 사람들은 아이들의 그런 행동을 다시 생각해보지 않는다. 하지만 아이들의 행동은 그것 자체로 진실된 삶이고, 인생이나 세상의 가장 아름다운 것에 대한 기대의 표현이다.

    하지만 천진난만하고 거짓 없는 동심은 되레 현실 세상에서 훼손당한다. '어느덧 장성'하면서 성인이 된 이후에는 세상과 적절히 타협하고 수지타산을 꼼꼼히 한다. 그러면서 터무니없는 생각과 간사한 마음 등 여러 가지 색깔이 뒤섞인 어두운 색깔은 동심이 지니고 있는 순진함을 감춰버린다. 대부분의 사람들은 이런 현상을 당연하게 취급한다. '성숙'했다는 것이다. 하지만 공자진은 과거가 꿈속에서 반짝이며 모습을 드러내면 동심이 다시 삶 속으로 돌아올 것이고 그런 현상에 절로 놀라워할 것이라고 했다. 세상의 명성과 이익을 좇고 사회의 억압에

굴종하면서 우리는 얼마나 많은 것을 잃고 사는가!

위에 언급한 시와 공자진의 〈병매관기病梅館記〉라는 제목의 글을 비교해보면 '동심'을 아끼고 그리워하는 마음을 느낄 수 있을 것이다. 거기에는 인간 본연의 인성을 발양하고 사회의 억압을 없애자는 요구가 포함되어 있으며 이 글들이 주창하는 정신적 방향은 결국은 '자유'로워지는 데에 있다.

한편 공자진은 소위 '작은 일에 신경 쓰지 말라'는 유명한 말을 남겼다. 실제로 그는 신분이 다른 수많은 여성들과 낭만적 교류를 가진 적이 있었고 그중에는 물론 기녀들도 있었다. 고전시가 전통에서 시인들은 이러한 인생경험을 '염정시'로 쓰곤 했다. 하지만 시가 속에는 구체적인 인물과 시공간적 배경에 대한 실마리가 비유와 상징이라는 언어적 가림막에 가려져 있다. 쌀이 술로 숙성되는 것처럼 진실한 생활은 그저 시의 정취를 숙성시키는 소재일 뿐이었다.

하지만 공자진의 염정시는 최소한 일부분이라도 진실한 경험을 시가와 특별히 첨가한 주석에 명백히 밝혀놓았다. 독자들이 자신이 느꼈던 탐닉과 혼란과 갈등과 몸부림을 볼 수 있게 하였다. 독자들이 자신이 느끼고 있는 정욕에 대한 갈망과 '색色'으로 '공空'을 깨닫는 종교적 갈망을 볼 수 있게 한 것이다. 삶에 대한 솔직하고 성실한 태도를 보인 공자진의 시가는 이후 청나라 말기 시인이자 소설가인 쑤만수蘇曼殊, 1884~1918로부터 위다푸郁達夫, 1896~1945에 이르기까지 수많은 작가들의 문학 습작에 지대한 영향을 미쳤다.

앞에서 이미 언급했던《기해잡시》는 공자진의 작품 중 대표성을 띠는 연작시다. 기해년은 청나라 도광道光 19년1839으로 이때 공자진의 나이는 마흔여덟이었다. 그는 벼슬살이를 탐탁지 않게 생각해 관직을 사직하고 북경을 떠나 항주로 돌아온 뒤 가족을 맞이하기 위해 다시 한 번 그 길을 왕복하게 된다.

이 과정에서 그는 350수의 칠언절구를 습작하고 '기해잡시'라는 제목을 붙였다. 이 시들 속에 여러 차례 등장하는 인물이 하나 있는데 바로 공자진이 원포(袁浦, 지금의 장쑤성 화이안시－옮긴이)에서 사귄 기녀 영소靈簫다.

한 마디 깊은 사랑의 말은 높은 하늘을 굴복시키니
영겁이 티끌이 되어도 마음은 시들지 않네.
첫 번째 선정시에서는 꽃 그림자에 겁을 먹지 않을 수 없어
꿈에서 돌아와 시로 영소에게 감사할 뿐이네.

一言恩重降雲霄　　일언은중항운소
塵劫成塵感不銷　　진겁성진감불소
未免初禪怯花影　　미면초선겁화영
夢回持偈謝靈簫　　몽회지게사령소

위의 시는 공자진이 영소를 처음 알게 된 뒤 그녀에게 지어준 시다.

'한 마디 깊은 사랑의 말'은 영소가 그에게 한, 온 마음을 다한 약속을 뜻한다. 신선과 같은 그녀의 음성은 마치 하늘에서 내린 것 같았다. '영겁이 티끌이 되어도'는 불교 경전에 나오는 말을 빌려 쓴 것이다. 간단히 해석해보자면 설령 세상이 사라지더라도, 셀 수 없이 기나긴 시간을 거치더라도 영소에 대한 자신의 마음은 마모되지 않으리라는 뜻이다.

참으로 혼을 쏙 빼놓을 만한 놀라운 언어다. 여기에서 그 순간 시인의 감정이 얼마나 열렬했는지를 확인할 수 있다. 상대방의 신분은 미천한 기녀였지만 사랑을 나누는 두 사람의 마음속에서 신분이란 아무런 의미가 없었다.

그런데 뒷부분에 가서는 망설임이 보인다. '첫 번째 선정禪定'은 여기에서 꽤 오묘하다. 그 문구는 최초로 인연을 맺었음을 표현하는 것이기도 하고 자신이 참선하여 삼매경에 이른 경지가 아직 깊지 않아 자신을 적절히 조절하지 못함을 표현한 것이기도 하다. 그래서 그는 '꽃 그림자에 겁을 먹고' 말았다. 이 아름다운 여자를 어떻게 대해야 할지 모르겠다는 것이다. 그래서 꿈같은 풍경에서 깨어나 불시 한 수로 영소에게 감사의 정을 표할 수밖에 없었다.

만약 공자진의 입장에서 불교의 선이 기탄없는 '동심'과 삶의 진실성이었다면 그 활력 넘치는 삶 속에는 반드시 열렬한 욕정이 함축되어 있었을 것이다. 따라서 활력 넘치는 삶은 사람을 난잡하고 취약한 존재로 만들었을 것이다. 이로 인해 불교의 선이 지향하는 또 다른 단계

무릇 동심이란 거짓이 없는 순진 그 자체로
사람이 태어나서 가장 먼저 갖는 본래 마음이다.
동심을 잃어버린다면 진심을 잃어버리게 된다.
진심을 잃어버리면 참된 인간성도 잃어버리게 된다.

인 철저한 깨달음이 주는 고요를 잃었을 것이다.

깨달음에 이르는 길의 딜레마

그래서 공자진은 늘 모순 속에 있다. 그와 영소가 교분을 나누는 전체 과정에서도 그는 시종일관 역동적이고 불안정하다.

〈작야昨夜〉라는 시는 공자진이 영소와 어느 정도로 깊은 관계였는지 확실하게 묘사되어 있지 않다. 다만 공자진의 마음이 안정되었을 때의 사랑에 대한 가설 혹은 희망을 표현한 시라고 할 수 있다.

꽃을 심는 것은 모두 근심의 근원을 심는 것
꽃이 피는 가지가 없으니 몹시도 슬프구나.
요즘의 깊고 미묘한 법을 새로 배웠으니
꽃과 그림자만 보고 흔적은 남기지 않으리.

種花都是種愁根　　종화도시종수근
沒個花枝又斷魂　　몰개화지우단혼
新學甚深微妙法　　신학심심미묘법
看花看影不留痕　　간화간영불류흔

'꽃을 심는' 것은 인연을 맺음을 의미하지만 결국에는 늘 '근심의 근원'을 심게 된다. 하지만 만약 애정이 전혀 없으면 삶은 단조롭고 무미건조할 것이고 견디기도 힘들 것이다. 그러다 최근 들어 불교에서 '깊고 미묘한 법'을 배우게 되었다. '꽃과 그림자만 보고' 모양에 집착하지 않고 흔적도 남기지 않는 그런 법을 말이다. 이 문구는 그가 애정에 너무 깊이 몰두해 초래되는 고통에서 벗어나기를 희망하고 있음을 보여준다. 가까운 것 같기도 하고 동시에 그렇지 않은 것 같기도 한 상황에서 애정의 아름다움과 정신적 기쁨을 향유하기를 바라고 있음을 보여준다.

이 시는 선의 정취가 물씬 풍긴다. 문제는 공자진이 이처럼 가까운 것 같기도 하고 그렇지 않은 것 같기도 하며, 그림자처럼 담백하면서도 적절한 심경을 유지할 수 있었을까 하는 점이다. 또 다른 시에서 공자진은 영소에 대한 자신의 태도를 설명했다. '기꺼이 화장대의 노예가 되어 깜박이는 눈길을 살피리오.' 평생 가지고 있던 오만을 내려놓고 머리를 숙여 사랑하는 여인의 시중을 드는 이런 모습은 병에 걸린 듯도 하고 귀신에 쓰인 듯도 하다. '근심의 근원'은 끊어내기 쉽지 않고 '색'은 너무 자극적이다. '색으로 깨달음을 얻는다'는 것은 비록 이치상으로는 확실히 이해가 가지만 슬프고 처량한 분위기가 배어 있을 수밖에 없다.

그러다 공자진은 별안간 죽음을 맞이했고 영소가 그를 독살했다는 설이 있다. 믿을 만한 설은 아니지만 일부 사람들의 시선에는 그와 영소의 사랑이 이미 시련에 빠져 헤어 나오지 못했다고 비쳤을 것이다.

공자진의 시를 논하면서 한 가지 문제를 언급하고 싶다. 현대사회에서는 선이 일부 지식인에게서 강렬함과 더불어 불안함으로 표현되고 있다는 점이다. 본래 선은 삶의 활력을 찬미하고 자유를 숭상하며 침착과 초월을 추구한다. 이런 요소들이 고대에는 결코 모순되지 않았다. 하지만 현대로 들어와 자의식이 강화되면서 자유에 대한 요구가 높아지고 욕망에 대한 억제는 그 힘이 약해져 점차 모순이 드러나기 시작한 것이다. 현대에 나타난 선의 모순은 선을 익히는 사람 자신이 스스로 적응해나가야 한다.

분명 선은 오래되었으면서도 신선하다. 보고 즐기기에 힘을 쓰면 누구나 자신만의 특별한 결실을 얻을 수 있을 것이다.

암기하여 가슴에 새기면 좋은
한시 49수

평상심平常心

무문 혜개

봄에는 꽃이 피고 가을에는 달이 뜬다.

여름에는 산들바람이 불고 겨울에는 흰 눈이 내린다.

쓸데없는 생각만 마음에 두지 않으면

이것이 바로 인생의 좋은 시절이라네.

春有百花秋有月　　춘유백화추유월

夏有凉風冬有雪　　하유량풍동유설

若無閑事掛心頭　　약무한사괘심두

便是人間好時節　　변시인간호시절

오도송 悟道頌

내게 서쪽에서 온 뜻을 묻기에 말했네.

산속 생활 칠팔 년

짚신은 세 개의 총만 세우고

베옷은 일찍이 두 어깨를 기웠네.

동쪽 암자에선 서쪽 암자의 눈 언제나 보이고

아래 시내 흐르는 건 늘 위 시내의 물

하얀 구름마저 사라진 한밤중이면

밝은 달이 침상을 찾아오곤 한다고.

因僧問我西來意　　　인승문아서래의

我話居山七八年　　　아화거산칠팔년

草履只裁三個耳　　　초이지재삼개이

麻衣曾補兩番扇　　　마의증보양번선

東庵每見西庵雪　　　동암매견서암설

下澗長流上澗泉　　　하간장류상간천

半夜白雲消散後　　　반야백운소산후

一輪明月到床前　　　일륜명월도상전

화자유면지회구 和子由澠池懷舊

정처 없는 인생은 무엇과 같을까

날아가던 기러기가 눈 내린 진흙 위에 내려선 것과 같다.

진흙 위에 우연히 발자국을 남기기는 하여도

날아간 기러기 어디로 갔는지 어찌 알겠는가.

늙은 스님은 이미 죽어 새로운 돌탑이 생기고

무너진 벽에는 옛 글의 자취도 찾을 수 없다.

지난날의 힘겨운 여로를 그대 기억하는가

먼 길에 사람은 지치고 절름발이 나귀는 울부짖었지.

人生到處知何似　　인생도처지하사

應似飛鴻踏雪泥　　응사비홍답설니

泥上偶然留指爪　　이상우연유지조

鴻飛那復計東西　　홍비나부계동서

老僧已死成新塔　　노승이사성신탑

壞壁無由見舊題　　괴벽무유견구제

往日崎嶇還記否　　왕일기구환기부

路長人困蹇驢嘶　　노장인곤건려시

제서림벽題西林壁

소식

가로로 보면 고개요 세로로 보면 봉우리라
원근고저 보는 곳 따라 모습이 제각각일세.
여산의 참모습을 알지 못하는 것은
이 몸이 산속에 있기 때문이라네.

橫看成嶺側成峰	횡간성령측성봉
遠近高低各不同	원근고저각부동
不識廬山眞面目	불식여산진면목
只綠身在此山中	지연신재차산중

오도송悟道頌

여기 한 물건 있어 천지에 앞섰으며
형체 없고 본래 고요하지만
능히 만물의 주인 되어
사계절의 변화에 따르지 않네.

有物先天地　　유물선천지

無形本寂寥　　무형본적요

能爲萬象主　　능위만상주

不逐四時凋　　불축사시조

오도송悟道頌

부대사

손에 든 것 없이 호미를 들고
걸으면서 무소를 탄다.
사람이 다리 위를 지나는데
다리만 흐르고 물은 흐르지 않는구나.

空手把鋤頭   공수파서두

步行騎水牛   보행기수우

人從橋上過   인종교상과

橋流水不流   교류수불류

오도송悟道頌

몸이 보리수라면

마음은 맑은 거울 받침대와 같네.

때때로 부지런히 털고 닦아

먼지가 끼지 않게 하세.

身是菩提樹   신시보리수

心爲明鏡臺   심위명경대

時時勤拂拭   시시근불식

勿使惹塵埃   물사야진애

오도송 悟道頌

보리에는 본래 나무가 없고
맑은 거울 또한 받침대가 아니네.
본래 한 물건도 없는데
어느 곳에 때가 앉으랴.

菩提本無樹	보리본무수
明鏡亦非臺	명경역무대
本來無一物	본래무일물
何處惹塵埃	하처야진애

오도송悟道頌

갈려 정담

사제의 인연으로 만남은 유래가 있었기에
맑은 거울에는 받침대가 없다는 말 몰래 던졌네.
소림사의 고행법 무너뜨리고
노 젓는 소리 흔들리는 달빛에 창주를 건넜네.

師資緣會有來由　　사자연회유래유
明鏡非臺語暗投　　명경비대어암투
壞却少林窮活計　　괴각소림궁활계
櫓聲搖月過滄洲　　노성요월과창주

선거우의 船居寓意

덕성선사

천 길 낚싯줄 곧게 드리우니

겨우 한 물결 움직임에 만 물결 따라 이네.

밤은 깊고 물은 고요해 고기가 물지 않으니

배에 가득 부질없이 밝은 달빛만 싣고 돌아오네.

千尺絲綸直下垂　　천척사륜직하수

一波纔動萬波隨　　일파재동만파수

夜深水靜魚不食　　야심수정어불식

滿船空載月明歸　　만선공재월명귀

신이오辛夷塢

왕유

나뭇가지 끝에 핀 부용화
산속에서 붉은 꽃봉오리 터트렸네.
산골짜기 외딴집 인적도 없이 적막한데
어지러이 꽃만 피었다 지는구나.

木末芙蓉花　　목말부용화

山中發紅蕚　　산중발홍악

澗戶寂無人　　간호적무인

紛紛開且落　　분분개차락

저주서간 滁州西澗

위응물

시냇가에 자란 그윽한 풀 홀로 어여쁘고
저만치 나무 깊은 곳에 꾀꼬리 울고 있네.
봄 강물 비에 불어 밤 되니 더욱 세찬데
나루터에 사람은 없고 배만 홀로 비껴 있네.

獨憐幽草澗邊生   독련유초간변생
上有黃鸝深樹鳴   상유황리심수명
春潮帶雨晚來急   춘조대우만래급
野渡無人舟自橫   야도무인주자횡

입약야계 入若耶溪

배는 어찌 물 위에 둥둥 떠 있고

하늘과 물은 끝없이 넓기만 한가.

구름과 놀은 멀리 산봉우리에 생기고

햇빛은 소용돌이를 따라가는구나.

매미 울어대니 숲은 더욱 고요하고

새 지저귀니 산은 더욱 그윽하네.

이 땅에 와 이런 산수를 보니 집에 돌아갈 마음 생기고

길 떠난 지 오랜지라 나그네 생활도 싫증이 나는구나.

艅艎何汎汎　　　여황하범범

空水共悠悠　　　공수공유유

陰霞生遠岫　　　음하생원수

陽景逐回流　　　양경축회류

蟬噪林逾靜　　　선조임유정

鳥鳴山更幽　　　조명산갱유

此地動歸念　　　차지동귀념

長年悲倦遊　　　장년비권유

녹채鹿柴

텅 빈 산 사람은 보이지 않는데
어디선가 들려오는 도란도란 사람 소리.
석양빛이 숲 속 깊숙이 들어와
다시금 푸른 이끼 위에 비치네.

空山不見人   공산불견인

但聞人語響   단문인어향

返景入深林   반영입심림

復照靑苔上   부조청태상

음주飲酒

도연명

초가 지어 마을에 살고 있어도

수레의 시끄러운 소리 들리지 않는구나.

그대에게 묻노니 어찌하여 그럴 수 있는가

마음이 속세에서 멀어지면 땅도 절로 외지게 된다오.

국화를 동쪽 울타리에서 꺾어 들고

유유히 남쪽 산을 멍하니 바라본다.

산 기운은 저녁때가 한껏 아름답고

나는 새는 줄지어 돌아간다.

이런 속에 참다운 진리가 있으매

말로써 표현하려 해도 이미 할 말 잊었노라.

結廬在人境　　　결려재인경

而無車馬喧　　　이무거마훤

問君何能爾　　　문군하능이

心遠地自偏　　　심원지자편

采菊東籬下　　　채국동리하

悠然見南山　　　유연견남산

山氣日夕佳　　　산기일석가

飛鳥相與還　　　비조상여환

此中有眞意　　　차중유진의

欲辯已忘言　　　욕변이망언

종남별업 終南別業

왕유

중년이 되니 도를 무척 좋아하게 되어
늘그막에 종남산 기슭에 집을 지었네.
흥이 나면 늘 홀로 거닐며
그 즐거움 나만이 안다네.
걸어서 물 다하는 곳에 이르면
앉아 구름 이는 것 보고
우연히 숲 속에서 노인을 만나면
돌아갈 때를 잊고 담소를 나누네.

中歲頗好道　　　중세파호도

晚家南山陲　　　만가남산수

興來每獨往　　　흥래매독왕

勝事空自知　　　승사공자지

行到水窮處　　　행도수궁처

坐看雲起時　　　좌간운기시

偶然值林叟　　　우연치림수

談笑無還期　　　담소무환기

산중문답 山中問答

이백

내게 왜 푸른 산에 사냐고 묻는 말에
웃으며 대답하지 않았지만 마음만은 한가롭네.
복사꽃 흐르는 물에 아득히 떠내려가니
인간 세상이 아니라 별천지일세.

問余何意棲碧山　　　문여하의서벽산
笑而不答心自閑　　　소이부답심자한
桃花流水杳然去　　　도화유수묘연거
別有天地非人間　　　별유천지비인간

삽앙시揷秧詩

푸른 모 손에 들고 논에 가득 심다가
고개 숙이니 문득 물 속에 하늘이 보이네.
육근이 맑고 깨끗하니 비로소 도를 이루고
뒷걸음질이 본디 앞으로 나아가는 것이었네.

手把靑秧揷滿田   수파청앙삽만전
低頭便見水中天   저두변견수중천
六根淸淨方爲道   육근청정방위도
退步原來是向前   퇴보원래시향전

심춘 尋春

작자미상

온종일 봄을 찾았으나 봄이 보이지 않아
짚신이 다 닳도록 먼 산 구름 덮인 곳까지 헤맸네.
돌아와 뜰에서 웃고 있는 매화 향기 맡으니
봄은 이미 매화가지 위에 한껏 와 있었네.

盡日尋春不見春   진일심춘불견춘

芒鞋踏遍嶺頭雲   망혜답편령두운

歸來笑拈梅花嗅   귀래소념매화후

春在枝頭已十分   춘재지두이십분

춘일春日

맑은 날 사수 강가로 꽃구경 갔더니
끝없이 펼쳐진 광경이 새롭기만 하구나.
어렵지 않게 알아냈네, 얼굴을 스치는 봄바람에
울긋불긋 만발한 백화가 모두 봄이라는 것을.

勝日尋芳泗水濱　　승일심방사수빈

無邊光景一時新　　무변광경일시신

等閑識得東風面　　등한식득동풍면

萬紫千紅總是春　　만자천홍총시춘

오도송悟道頌

금오리향 타오르는 비단 장막

풍악에 빠졌다가 잔뜩 취해 돌아가네.

보게나, 젊은이의 각별한 풍류

같이 놀던 그이만이 홀로 알리라.

金鴨香銷錦繡帷   금압향소금수위

笙歌叢裡醉扶歸   생가총리취부귀

少年一段風流事   소년일단풍류사

只許佳人獨自知   지허가인독자지

오도송悟道頌

자수심

누각에 올라 노래 부르니 말 속에 풍류 있으나
그대가 무심하니 나도 쉬려오.
내 마음속 일을 말하니
평생의 깊은 애정이 쓸쓸해지누나.

唱歌樓上語風流　　창가누상어풍류
你旣無心我也休　　니기무심아야휴
打著奴奴心裏事　　타착노노심리사
平生恩愛冷啾啾　　평생은애냉추추

오도송 悟道頌

보봉명

그대가 무심하니 나도 쉬려오.
이 몸은 기쁨도 근심도 없어
배고프면 밥 먹고 졸리면 잠을 자니
가르침을 좇아 낙화는 물 따라 흘러가네.

你旣無心我亦休　　니기무심아역휴
此身無喜亦無憂　　차신무희역무우
饑來吃飯困來睡　　기래흘반곤래수
花落從敎逐水流　　화락종교축수유

개오시開悟詩

동산 양개

부디 남에게서 구하지 말라.
그럴수록 나와는 소원해질 것이니
나 이제 홀로 가지만
곳곳에서 그 분을 만나리라.
그는 바로 지금의 나이나
나는 지금의 그가 아니로다.
모름지기 이렇게 깨달아야
비로소 부처와 하나가 되리라.

切忌從他覓　　절기종타멱
迢迢與我疎　　초초여아소
我今獨自往　　아금독자왕
處處得逢渠　　처처득봉거
渠今正是我　　거금정시아
我今不是渠　　아금불시거
應須恁麼會　　응수임마회
方得契如如　　방득계여여

파산사후선원破山寺後禪院

상건

맑은 새벽 옛 절에 찾아드니

아침 햇살이 높은 숲을 비춘다.

굽은 길은 깊숙한 곳으로 통하고

선방엔 꽃과 나무들 우거졌다.

산빛에 새들은 기뻐하고

연못에 비친 그림자 사람의 마음을 비운다.

삼라만상이 모두 고요한 지금

다만 종소리만 남아 들려온다.

淸晨入古寺　　　청신입고사

初日照高林　　　초일조고림

曲徑通幽處　　　곡경통유처

禪房花木深　　　선방화목심

山光悅鳥性　　　산광열조성

潭影空人心　　　담영공인심

萬籟此俱寂　　　만뢰차구적

但餘鐘磬音　　　단여종경음

송영철상인送靈澈上人

유장경

질푸른 숲 속 죽림사
아득히 들려오는 저녁 종소리
삿갓 등에 메고 석양빛 받으며
머나먼 청산으로 홀로 돌아가는구나.

蒼蒼竹林寺　　　창창죽림사

杳杳鐘聲晚　　　묘묘종성만

荷笠帶斜陽　　　하립대사양

靑山獨歸遠　　　청산독귀원

풍교야박楓橋夜泊

달 지고 까마귀 울고 하늘엔 찬 서리 가득한데

강가의 단풍과 어선의 불빛 바라보며 시름 속에 잠 못 드네.

고소성 저 멀리 한산사에서 울리는

깊은 밤 종소리가 객선에까지 들려오네.

月落烏啼霜滿天　　월락오제상만천

江楓漁火對愁眠　　강풍어화대수면

姑蘇城外寒山寺　　고소성외한산사

夜半鐘聲到客船　　야반종성도객선

추월秋月

한산

내 마음 가을 달과 같으니
푸른 연못에 맑고 깨끗하구나.
어느 것과도 비할 수 없는데
내가 어찌 말할 수 있겠는가.

吾心似秋月　　　오심사추월

碧潭淸皎潔　　　벽담청교결

無物堪比倫　　　무물감비륜

敎我如何說　　　교아여하설

증도가 證道歌

하나의 달이 모든 물에 두루 나타나지만
모든 물의 달은 하나의 달이 관장하네.
모든 부처님의 법신이 나의 성품에 들어오고
나의 성품 다시 여래와 합치하도다.

一月普現一切水	일월보현일체수
一切水月一月攝	일체수월일월섭
諸佛法身入我性	제불법신입아성
我性還共如來合	아성환공여래합

춘산야월 春山夜月

우량사

봄 산에는 좋은 일도 많아
느끼고 즐김에 밤늦도록 돌아가길 잊었네.
손으로 물을 뜨니 달이 손에 있고
꽃과 같이 노니 꽃향기 옷에 가득하네.
흥에 겨워 먼 곳 가까운 곳 마구 다니다
떠나려니 향기로운 풀 아쉬워라.
남쪽으로 종소리 울려오는 곳 바라보니
누대가 짙은 푸른 산 속에 희미하게 보이네.

春山多勝事	춘산다승사
賞玩夜忘歸	상완야망귀
掬水月在手	국수월재수
弄花香滿衣	농화향만의
興來無遠近	흥래무원근
欲去惜芳菲	욕거석방비
南望鐘鳴處	남망종명처
樓臺深翠微	누대심취미

산거추명 山居秋暝

왕유

적막한 산에 방금 비 내린 뒤
해 저무니 가을 기운 물씬 풍긴다.
밝은 달빛 솔숲 사이로 비쳐 오고
맑은 샘물은 바위 위로 흐른다.
빨래 나온 여인들 돌아가며 대숲이 떠들썩하고
고깃배 내려가며 연잎이 흔들거린다.
향기로운 봄풀들이 제멋대로 시들어 버려도
왕손은 의연히 산중에 머무르네.

空山新雨後	공산신우후
天氣晚來秋	천기만래추
明月松間照	명월송간조
淸泉石上流	청천석상류
竹喧歸浣女	죽훤귀완녀
蓮動下漁舟	연동하어주
隨意春芳歇	수의춘방헐
王孫自可留	왕손자가류

조주흘다 趙州吃茶

황룡 혜남

만나면 물어본 뒤 내력을 알고는
친소를 가리지 않고 바로 차만 주었네.
돌이켜 생각하니 끊임없이 왕래한 자들이여
바쁜 중에 뉘라서 차 항아리에 가득한 꽃향기를 알았으리.

相逢相問知來歷   상봉상문지래력

不揀親疎便與茶   불간친소변여다

翻憶憧憧往來者   번억동동왕래자

忙忙誰辨滿甌花   망망수변만구화

정풍파定風波

숲을 지나며 나뭇잎 치는 비바람 소리 들을 일 있는가.

노래 읊조리며 느긋하게 걷는 것도 괜찮네.

지팡이에 짚신이면 말보다 날렵한데 두려울 게 무엇인가.

빗속에 도롱이 걸치고 한평생 지낸다네.

봄바람 찬 기운에 술이 깨어보니

산마루 석양이 되려 나를 맞이하네.

고개 돌려보매 종전에 스산했던 곳도 흔적이 사라지고

비바람도 없고 맑음도 없더라.

莫聽穿林打葉聲	막청천림타엽성
何妨吟嘯且徐行	하방음소차서행
竹杖芒鞋輕勝馬	죽장망혜경승마
誰怕, 一簑煙雨任平生	수파 일사연우임평생
料峭春風吹酒醒	요초춘풍취주성
微冷, 山頭斜照卻相迎	미냉, 산두사조각상영
回首向來蕭瑟處	회수향래소슬처
歸去, 也無風雨也無晴	귀거 야무풍우야무청

여산연우 廬山煙雨

여산의 안개비와 절강의 조수여
가보지 못했을 때는 그 많은 한이 풀리지 않더니
와서 보니 오히려 별다른 것 없고
여산의 안개비 절강의 조수로구나.

廬山煙雨浙江潮   여산연우절강조
未到千般恨不消   미도천반한불소
到得還來無別事   도득환래무별사
廬山煙雨浙江潮   여산연우절강조

오도송悟道頌

육십 년간 난잡하게 살면서
동쪽 벽이 서쪽 벽을 무너뜨렸구나.
이제와 수습하고 돌아가려는데
여전히 물빛은 하늘과 닿아 푸르네.

六十年來狼藉　　　육십년래낭자
東壁打倒西壁　　　동벽타도서벽
如今收拾歸來　　　여금수습귀래
依舊水連天碧　　　의구수련천벽

증약산고승유엄藥山高僧惟儼 1

이고

수행하신 모습은 학의 형상과 같고
천 그루 소나무 아래 경전 두어 상자뿐이네.
내가 도를 물으니 다른 말씀 없이
구름은 푸른 하늘에 있고 물은 물병에 있다 하시네.

煉得身形似鶴形　　연득신형사학형
千株松下兩函經　　천주송하양함경
我來相問無餘說　　아래상문무여설
雲在靑天水在瓶　　운재청천수재병

증약산고승유엄藥山高僧惟儼 2

조용한 곳에 머물러 자연의 정취 즐기니

한 해 다하도록 가고 오는 이 없네.

때로는 곧장 외로운 봉우리에 올라

달 아래 구름 헤치고 크게 한번 웃네.

選得幽居愜野情　　선득유거협야정

終年無送亦無迎　　종년무송역무영

有時直上孤峰頂　　유시직상고봉정

月下披雲嘯一聲　　월하피운소일성

오도송悟道頌

한 줄기 폭포가 산 앞으로 떨어지니
한밤중 밝은 해가 손바닥에 밝았네.
입 크게 열고 기개 펼치니
누구와 어울려 천하를 다니리오.

一條濕布崙前落　　일조습포륜전락
半夜金烏掌上明　　반야금오장상명
大開口來張意氣　　대개구내첩의기
與誰天下共種行　　여수천하공종행

원거原居

운봉 문열

서쪽 들판에 석장을 걸어두었더니
승려들이 나루터를 물어오는 것이 고역이네.
봉우리마다 쌓인 눈 녹고
나무들에는 저절로 봄이 돌아왔구나.
계곡 따뜻해져 샘물 소리 멀리서 들려오고
숲은 깊어져 새소리 새롭구나.
신 한 켤레 남기신 달마의 뜻 생각하니
낙양 사람들이 우습기 그지없네.

掛錫西原上	괘석서원상
玄徒苦問津	현도고문진
千峰消積雪	천봉소적설
萬木自回春	만목자회춘
谷暖泉聲遠	곡난천성원
林幽鳥語新	임유조어신
飜思遺只履	번사유지리
深笑洛陽人	심소낙양인

심남계상도인尋南溪常道人

유장경

외길 따라 지나는 곳
푸른 이끼에 남겨진 발자국을 보네.
흰 구름은 고요히 모래 위에 떠 있고
향기로운 풀 속 사립이 한가로이 닫혀 있네.
비 지난 뒤 더욱 푸른 소나무 숲을 보고
산길 따라 걷다가 물 처음 시작되는 곳에 이르렀는데
시냇가의 꽃과 선의 의미
마주하니 말을 잊었네.

一路經行處　　일로경행처

莓苔見履痕　　매태견리흔

白雲依靜渚　　백운의정저

芳草閉閑門　　방초폐한문

過雨看松色　　과우간송색

隨山到水源　　수산도수원

溪花與禪意　　계화여선의

相對亦忘言　　상대역망언

목동牧童

소 타고 멀찍이 앞마을 지나는데
피리 소리 바람 타고 언덕 너머까지 들려오네.
명리 좇아 사는 장안의 많은 사람들
온갖 재주 다 부려도 목동만 못하네.

騎牛遠遠過前村　　　기우원원과전촌
吹笛風斜隔壟聞　　　취적풍사격롱문
多少長安名利客　　　다소장안명리객
機關用盡不如君　　　기관용진불여군

오도송 悟道頌

지장 수은

비온 뒤 비둘기가 울고
산 밑에는 보리가 익어가네.
목동은 어디 있는가.
소를 타고 웃으며 서로 쫓네.
방자하게 피리 불지 말아라.
한 곡조 두 곡조 바람 앞에 흐르네.

雨後鳩鳴   우후구명

山前麥熟   산전맥숙

何處牧童兒   하처목동아

騎牛笑相逐   기우소상축

莫把短笛橫吹   막파단적횡취

風前一曲兩曲   풍전일곡량곡

제 풍연도 題風鳶圖

서위

몰래 연 날리러 가 집에 없기에
선생님이 동무를 보냈지만 데려오지 못했네
누군가 봄날 야외를 가리키는데
눈 속에 비친 빨간 옷이 바로 그 아이더라.

偸放風鳶不在家　　투방풍연불재가
先生差伴沒處拿　　선생차반몰처나
有人指點春郊外　　유인지점춘교외
雪下紅衫便是他　　설하홍삼편시타

관서유감 觀書有感

반 이랑 네모난 연못에 거울 하나 열리니

하늘빛과 구름 그림자 모두 그 안에 떠도네.

연못에 물기를 어찌 그처럼 맑을 수 있는가 하니

맑은 물이 흘러나오는 근원 있어서라네.

半畝方塘一鑒開	반무방당일감개
天光雲影共徘徊	천광운영공배회
問渠那得淸如許	문거나득청여허
爲有源頭活水來	위유원두활수래

소지 小池

양만리

샘구멍은 소리 없이 가느다란 물줄기를 아끼고
물에 비친 나무 그림자는 물에 비춰보며 맑고 온화함을 좋아하네.
작은 연꽃이 겨우 뾰죽이 모서리를 내밀었는데
어느새 잠자리가 그 위에 올라앉았네.

泉眼無聲惜細流   천안무성석세류

樹陰照水愛晴柔   수음조수애청유

小荷纔露尖尖角   소하재로첨첨각

早有蜻蜓立上頭   조유청정입상두

주과사담 舟過謝潭

양만리

푸른 술 때로 한두 잔 기울이니
그제야 배의 문이 닫혔다 또 열리네.
아름다운 산의 수많은 주름 보는 이 없는데
저녁 해가 모두 집어내는구나.

碧酒時傾一兩杯　　벽주시경일량배

船門才閉又還開　　선문재폐우환개

好山萬皺無人見　　호산만추무인견

都被斜陽拈出來　　도피사양념출래

오도송悟道頌

공자진

돈도 다 날리고 청춘도 가버렸으나
천부적인 동심은 아직 사라지지 않았네.
달더러 발 밖의 붉은빛 바다에서 떠오르라 호통치고
사방의 꽃 그림자가 노도와 같이 세차게 일어나네.

黃金華髮兩飄蕭　　황금화발량표소
六九童心尙未消　　육구동심상미소
叱起海紅簾底月　　질기해홍렴저월
四廂花影怒於潮　　사상화영노어조

기해잡시己亥雜詩 170

어린아이의 슬픔과 즐거움이 어른보다 크고
노래와 눈물은 아무 이유 없으나 구구이 진실되네.
어느덧 장성해 세상과 사귀니 어리석음과 교활함이 섞여
어린 마음이 꿈속에 오가네.

少年哀樂過於人   소년애악과어인

歌泣無端字字眞   가읍무단자자진

旣壯周旋雜癡黠   기장주선잡치힐

童心來複夢中身   동심래복몽중신

기해잡시己亥雜詩 98

공자진

한 마디 깊은 사랑의 말은 높은 하늘을 굴복시키니
영겁이 티끌이 되어도 마음은 시들지 않네.
첫 번째 선정에서는 꽃 그림자에 겁을 먹지 않을 수 없어
꿈에서 돌아와 시로 영소에게 감사할 뿐이네.

一言恩重降雲霄　　　일언은중항운소
塵劫成塵感不銷　　　진겁성진감불소
未免初禪怯花影　　　미면초선겁화영
夢回持偈謝靈簫　　　몽회지게사령소

잠시라도 내려놓아라

초판 1쇄 인쇄 2014년 12월 15일
초판 1쇄 발행 2014년 12월 29일

지은이 뤄위밍
옮긴이 나진희
펴낸이 김종길
펴낸곳 아날로그

책임편집 임현주
편집부 임현주·이은지·이경숙·홍다휘
디자인부 정현주·박경은
마케팅부 박용철·임형준
홍보부 윤수연
관리부 이현아

출판등록 1998년 12월 30일 제2013-000314호
주소 (121-840)서울특별시 마포구 양화로 12길 8-6 (서교동) 대륭빌딩 4층
전화 (02)998-7030 **팩스** (02)998-7924
이메일 geuldam4u@naver.com
페이스북 www.facebook.com/analogue.geuldam
블로그 http://blog.naver.com/geuldam4u

ISBN 979-11-952708-5-9 03100

이 도서의 국립중앙도서관 출판시도서목록(CIP)은 e-CIP홈페이지(http://www.nl.go.kr/ecip)와
국가자료공동목록시스템(http://www.nl.go.kr/kolisnet)에서 이용하실 수 있습니다. (CIP 제어번호 : 2014034530)

＊일러두기
　　본문에 나오는 인물 중 생존 연대가 분명하지 않은 경우는 표기하지 않았습니다.